Salat

Salat	Januar	Februar	März	April	Mai	Juni	Juli	August	September	Oktober	November	Dezember
Batavia				O	O	O	O	O	O	O		
Chicorée	O	O	O	O	O	O	O	O	O	O	O	O
Eichblattsalat				O	O	O	O	O	O	O		
Eisbergsalat				O	O	O	O	O	O	O		
Endivien, Frisée				O	O	O	O	O	O	O	O	O
Feldsalat	O	O	O	O	O				O	O	O	O
Kopfsalat				O	O	O	O	O	O	O		
Lollo rosso				O	O	O	O	O	O	O		
Löwenzahn				O	O	O	O	O	O	O		
Radicchio	▣	▣				O	O	O	O	O	O	◑
Romana			O	O	O	O	O	O	O	O	O	
Rucola			O	O	O	O	O	O	O	O	O	

 = Frisch ▣ = Lagerware ◑ = Frisch & Lagerware

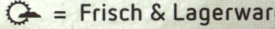

COOKING FOR FUTURE

Klima**T**eller - **NAH**haft e.V.
Fotografie: Marcin Jucha

COOKING FOR FUTURE

110 REZEPTE MIT KLIMAFREUNDLICHEN ZUTATEN

DIE **21-TAGE-CHALLENGE**:
50 % WENIGER **CO$_2$**-EMISSIONEN
BEIM **KOCHEN**

CHRISTIAN

VORWORT

Liebe Leserin, lieber Leser,

dich erwartet in diesem Buch eine Reise in die klimafreundliche Küche, bei der du entdecken kannst, wie gut sich Ernährung, Genuss und Klimaschutz ergänzen können. Wir vom Verein NAHhaft und der Initiative KlimaTeller fragen uns — inspiriert von Bewegungen wie Fridays for Future und dem Wissen um den Zustand unseres Klimas —, wie wir persönlich und in unserem Berufsalltag dazu beitragen können, unser Klima und unsere Zukunft zu schützen. Wir freuen uns sehr, dass du dich entschieden hast, die klimafreundliche Küche kennenzulernen.

Mit diesem Buch möchten wir dir Impulse geben, wie du mit deiner Ernährung ganz einfach zur Klimaschützerin oder zum Klimaschützer werden kannst. Neben Rezepten, die du leicht zubereiten kannst, geben wir dir Tipps, wie du mit ein bisschen Experimentierfreude neue, leckere und gesunde Gerichte kreierst und gleichzeitig das Klima schützt. Du wirst also in erster Linie erfahren, wie du selbst die klimafreundliche Küche umsetzen kannst.

In der Einleitung und in Infoboxen geben wir dir dazu Entscheidungshilfen an die Hand. Wir beantworten Fragen wie: Was macht die klimafreundliche Küche aus? Welche Lebensmittel sind besonders klimafreundlich? Wie kommen die CO_2-Emissionen überhaupt zustande? Wie können die Rezepte variiert werden, damit sie zu jeder Jahreszeit klimafreundlich sind?

Wir wünschen dir viel Freude beim Ausprobieren und jede Menge Inspiration, um selbst zu experimentieren! Wir danken dir, dass du mit uns gemeinsam den Klimaschutz in aller Munde bringst und eine klimafreundlich(er)e Zukunft möglich machst.

Jana Koltzau und das KlimaTeller-Team des NAHhaft e.V.

EINLEITUNG

WAS HAT UNSER ESSEN MIT DEM KLIMA ZU TUN?

Der Klimawandel und seine Folgen sind in aller Munde: Hitzeperioden, starke Niederschläge, Hochwasser und Stürme sind immer häufiger zu beobachten. Ursachen sind vor allem der menschengemachte Ausstoß von Treibhausgasen, etwa durch die Verbrennung fossiler Energieträger oder Lachgas- und Methanemissionen in der Landwirtschaft, sowie der Rückgang der globalen Waldflächen, die große Mengen an Kohlenstoff binden.

Der Weltklimarat hat berechnet (IPCC, 2019), dass 21–37 Prozent der menschengemachten Treibhausgasemissionen auf unser Ernährungssystem zurückzuführen sind. In Deutschland werden laut WWF (2012) etwa 20–25 Prozent der Treibhausgasemissionen unserem Ernährungssystem zugerechnet. Diese entstehen laut von Koerber (2009) durch Tätigkeiten für die Lebensmittelversorgung – vom landwirtschaftlichen Anbau und der Weiterverarbeitung über den Transport bis hin zur Zubereitung. Auch durch Landnutzungsänderungen (zum Beispiel vom Wald zum Acker) entstehen Emissionen, die dem Ernährungssystem zugeordnet werden.

Was wir essen, wo wir einkaufen und wie wir unsere Speisen zubereiten, beeinflusst das Klima maßgeblich. Und das Klima beeinflusst unser Essen, denn die Klimaveränderungen haben große Auswirkungen auf unsere Lebensmittelversorgung: Ernteausfälle, zeitliche Verschiebung der Ernte und Verschlechterung der Qualität führen zu wirtschaftlichen und gesundheitlichen Nachteilen. Um die Lebensmittelversorgung sicherzustellen, ist ein gutes Klima wichtig.

Kleine Veränderungen in Richtung einer klimafreundlich(er)en Ernährung bewirken schon Großes. Eaternity, eine Organisation, die es sich zur Aufgabe gemacht hat, den ökologischen Fußabdruck von Lebensmittelprodukten genau und effizient zu messen, hat das Einsparpotenzial von CO_2-Emissionen durch unsere persönliche Ernährung berechnet: Demnach haben klimafreundlich(er)e Ernährungsentscheidungen das Potenzial, die CO_2-Emissionen unserer Lebensmittelversorgungskette um mindestens 50 % zu reduzieren (Eaternity, 2017).

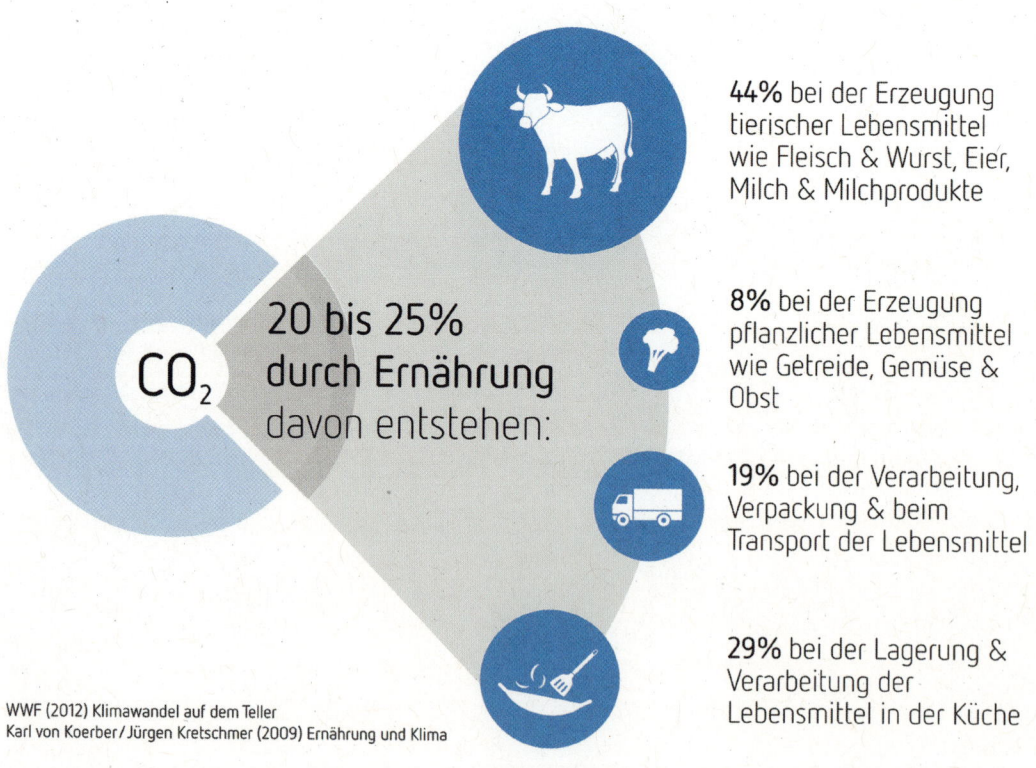

CO₂ 20 bis 25% durch Ernährung davon entstehen:

44% bei der Erzeugung tierischer Lebensmittel wie Fleisch & Wurst, Eier, Milch & Milchprodukte

8% bei der Erzeugung pflanzlicher Lebensmittel wie Getreide, Gemüse & Obst

19% bei der Verarbeitung, Verpackung & beim Transport der Lebensmittel

29% bei der Lagerung & Verarbeitung der Lebensmittel in der Küche

WWF (2012) Klimawandel auf dem Teller
Karl von Koerber / Jürgen Kretschmer (2009) Ernährung und Klima

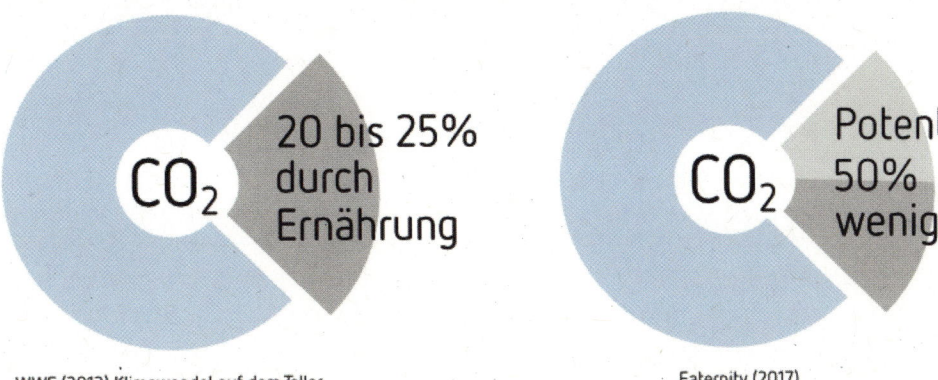

50% weniger Emissionen durch kleine Veränderungen auf unseren Tellern

CO_2 — 20 bis 25% durch Ernährung

WWF (2012) Klimawandel auf dem Teller

CO_2 — Potential: 50% weniger

Eaternity (2017)

Was macht die klimafreundliche Küche aus?

Klimafreundliche Ernährung bedeutet in erster Linie, bewusst zu solchen Lebensmitteln zu greifen, die möglichst wenig Treibhausgasemissionen verursachen – vom Acker bis in die Küche –, und dabei, was den Geschmack betrifft, keine Kompromisse einzugehen. Die sogenannte klimafreundliche Küche ist eine neue Ernährungsweise, die immer wichtiger wird.

Welche Lebensmittel sind besonders klimafreundlich?

In der klimafreundlichen Küche kommen vor allem Lebensmittel auf die Teller, bei deren Herstellung ver- gleichsweise geringe Treibhausgasemissionen verur- sacht wurden.

So erkennst du klimafreundliche Lebensmittel

✓ **Frische und unverarbeitete Lebensmittel der Saison** sind klimafreundlich, weil sie nicht oder nur wenig verarbeitet sind und in der Regel nicht lange kühl gelagert werden. Für den Anbau von Frischgemüse in der kalten Jahreszeit im Gewächshaus wird in unseren Breiten sehr viel Energie eingesetzt. Aufgrund hoher Energiekosten hierzulande werden Treibhauserzeug- nisse überwiegend importiert. Treibhausgemüse reicht in Aroma und Nährstoffgehalt nicht an Freilandgemüse

Lebensmittel, die besonders viel Platz in der klimafreundlichen Küche haben

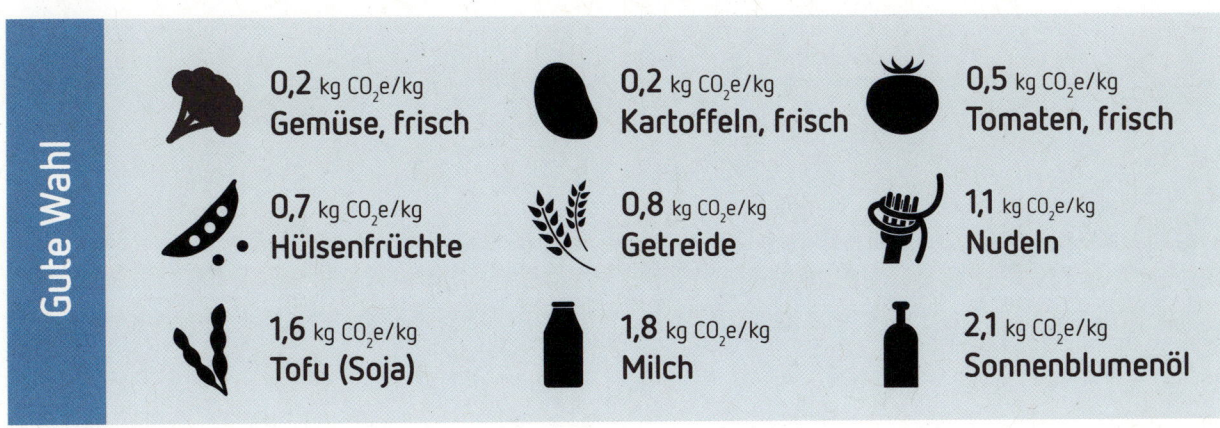

Gute Wahl

0,2 kg CO_2e/kg Gemüse, frisch

0,2 kg CO_2e/kg Kartoffeln, frisch

0,5 kg CO_2e/kg Tomaten, frisch

0,7 kg CO_2e/kg Hülsenfrüchte

0,8 kg CO_2e/kg Getreide

1,1 kg CO_2e/kg Nudeln

1,6 kg CO_2e/kg Tofu (Soja)

1,8 kg CO_2e/kg Milch

2,1 kg CO_2e/kg Sonnenblumenöl

Milch ist relativ, im Vergleich zu anderen Produkten, klimafreundlich, aber pflanzliche Alternativen sind noch besser in der Klimabilanz und für das Tierwohl.

Quelle: KlimaTeller App / Eaternity Database

heran. Die Vielfalt an lagerfähigem, heimischem Obst und Wintergemüse ist größer, als so mancher ahnt.

Auch für jeden Verarbeitungsschritt und für die Kühlung wird viel Energie benötigt, die in der Regel aus fossilen Energieträgern gewonnen wird. Stark verarbeitete und konservierte Lebensmittel sind daher eher klimaschädlich. Ein gutes Beispiel dafür sind frische Kartoffeln mit 144 g CO_2äq pro kg Ware im Vergleich zu tiefgekühlten Pommes mit 5.744 g CO_2äq pro kg Ware. Hier eine kurze Übersicht darüber, welches Obst und Gemüse aus Deutschland wann Saison hat. Schau außerdem im Saisonkalender nach.

☑️ **Lebensmittel aus der Nähe** sind klimafreundlich, weil sie nicht weit transportiert werden. Das betrifft den Transport vom Erzeuger zum Abnehmer sowie zwischen den Verarbeitungsschritten. Frisches Obst und Gemüse aus der Region sind nährstoffreich und aromatisch, denn sie haben bis zur Reife Licht und Sonne genossen. Weit transportierte Ware hingegen wird unreif geerntet, und das schmeckt man. Beim Kauf in der Region unterstützen wir außerdem die regionale Wirtschaft. Das wiederum fördert, dass wir auch in Zukunft Lebensmittel in der Region kaufen können. Würden wir nur die Lebensmittel importieren, die aus klimatischen Bedingungen

nicht bei uns wachsen, könnten wir laut einer Präsentation des Potsdam-Instituts für Klimafolgenforschung (PIK, 2019) über 22 Prozent der Emissionen einsparen. Ein Gewinn für alle.

☑️ **Pflanzliche Lebensmittel** sind klimafreundlich, denn bei ihrem Anbau entstehen vergleichsweise geringe Mengen an CO_2-Emissionen. Wer Gemüse, Kartoffeln, Getreide und Hülsenfrüchte auf dem Teller hat, leistet – so eine umfassende Studie der Oxford Universität (Poore & Nemecek, 2018) – den größten Beitrag zum Klimaschutz. Eine pflanzliche Ernährung kann sich außerdem positiv auf die Gesundheit auswirken, denn Gemüse ist reich an Ballaststoffen, Vitaminen und Mineralstoffen und während der jeweiligen Saison besonders lecker.

☑️ **Lebensmittel aus ökologischer Herstellung und artgerechter Tierhaltung** sind klimafreundlich, denn durch den Verzicht auf chemisch-synthetische Düngemittel, humusreiche Böden, die mehr CO_2 binden, eine flächengebundene Tierhaltung und betriebseigene oder regionale Futterproduktion werden viele Treibhausgasemissionen eingespart. Außerdem leistet artgerechte Ernährung der Tiere auf Grünflächen einen Beitrag zum Klimaschutz, denn der Umbruch von natürlichem Grünland für den Ackerbau setzt große Mengen CO_2 frei.

Lebensmittel, die weniger Platz in der klimafreundlichen Küche haben

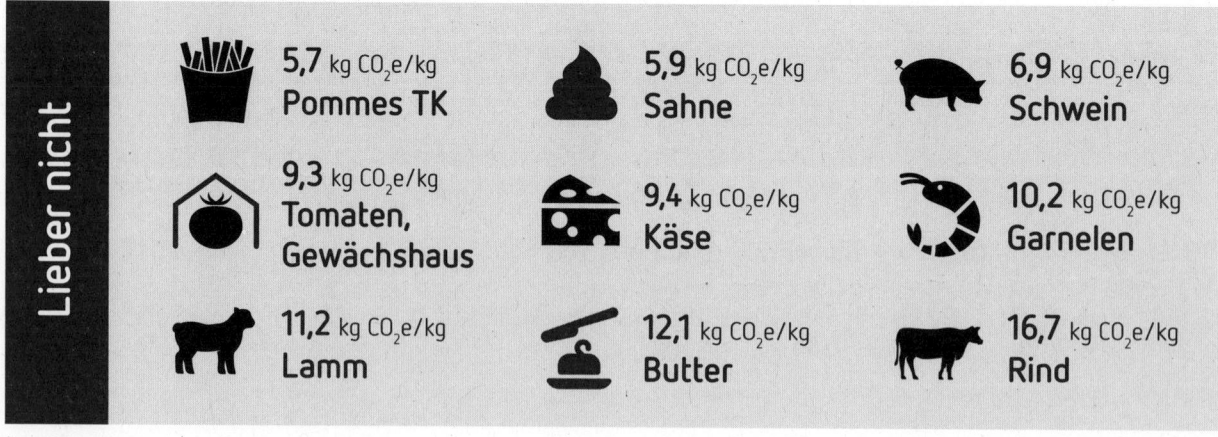

Lieber nicht

5,7 kg CO_2e/kg
Pommes TK

5,9 kg CO_2e/kg
Sahne

6,9 kg CO_2e/kg
Schwein

9,3 kg CO_2e/kg
Tomaten, Gewächshaus

9,4 kg CO_2e/kg
Käse

10,2 kg CO_2e/kg
Garnelen

11,2 kg CO_2e/kg
Lamm

12,1 kg CO_2e/kg
Butter

16,7 kg CO_2e/kg
Rind

Quelle: KlimaTeller App / Eaternity Database

Welche Lebensmittel sind die größten Klimasünder?

Besonders schlecht fürs Klima sind bestimmte tierische Lebensmittel, stark verarbeitete, weit transportierte und lange gekühlte Produkte sowie Lebensmittel, bei deren Herstellung umweltschädliche Pestizide, Düngemittel und Medikamente zum Einsatz kommen.

⊖ **Tierische Lebensmittel (insbesondere aus Massentierhaltung) müssen besonders kritisch betrachtet werden.** Das liegt zum Beispiel daran, dass für die Herstellung und den Import von Kraftfutter für die Tiere viel Energie eingesetzt wird. Bei der Entwaldung für die Schaffung von Weideflächen wird CO_2 freigesetzt. Und Wiederkäuer stoßen während der mikrobiellen Verdauung von Kraftfutter große Mengen Methan, ein Treibhausgas, aus.

⊖ **Außersaisonales Obst und Gemüse** kommen in der Regel von weit her und / oder aus dem Gewächshaus. Der Kraftstoffeinsatz für Transporte und die benötigte Heizenergie im Gewächshaus treiben die Emissionen in die Höhe. Weit transportierte Ware wird oft außerdem, wie schon erwähnt, unreif geerntet, was zu geschmacklichen Einbußen führt.

⊖ **Stark verarbeitete und lang (tief-)gekühlte Lebensmittel** haben oftmals eine schlechte Klimabilanz. Denn für jeden Verarbeitungsschritt wird viel Energie benötigt, zum Beispiel um ein anderes Produkt daraus herzustellen, um es haltbar zu machen, oder für die Kühlung.

⊖ **Umweltschädliche Herstellungsverfahren** schaden ebenfalls dem Klima. Ein Beispiel: Pestizide und mineralische Düngemittel werden unter hohem Einsatz von meist fossilen Energieträgern hergestellt und bei der Anwendung auf dem Acker werden Treibhausgase wie zum Beispiel das sehr schädliche Lachgas freigesetzt.

Frühling
Wurzel- und Knollengemüse (Kartoffeln, Radieschen), Spinat, Rhabarber, Spargel

Sommer
Blattgemüse (Mangold, viele Salate), Beeren, Steinobst (Pfirsich, Kirschen, Zwetschgen), Gurken, Brokkoli, mediterranes Gemüse (Tomaten, Auberginen, Paprika, Zucchini), Lauch und Zwiebeln

Herbst
Kürbis, Lauch und Zwiebeln, Nüsse, Kernobst (Äpfel, Birnen, Trauben), Pilze, Wurzel- und Knollengemüse (Kartoffeln, Möhren, Rote Bete, Schwarzwurzel, Sellerie)

Winter
die meisten Kohlsorten, Wurzel- und Knollengemüse (Kartoffeln, Möhren, Rote Bete, Steckrüben, Knollensellerie, Pastinake), Äpfel (je nach Sorte), Lauch

WIE WIRD DIE KLIMABILANZ VON LEBENSMITTELN BERECHNET?

Für jedes Lebensmittel wird eine sogenannte Lebenszyklusanalyse durchgeführt. Dabei wird untersucht, wie viel Treibhausgase entlang des gesamten Herstellungsprozesses – vom Anbau oder der Zucht über die Verarbeitung und den Transport – entstehen.

In die Lebenszyklusanalyse des Lebensmittels fließen alle relevanten Informationen eines jeden Produktionsprozesses entlang der Produktionskette ein. Die Produktionsprozesse für beispielsweise ein Stück Schweinefilet sind unter anderem die Tierzucht, die Futtermittelherstellung, die Tierhaltung, die Tierverarbeitung und auch der Transport für die Weiterverarbeitung der Tierstücke. Für einen Sack Mehl berücksichtigt die Analyse unter anderem Feldbewirtschaftung mit der Bodenbearbeitung, Aussaat, Düngung, Ernte und Mahlen des Getreides. In jedem dieser Prozesse werden Energie in Form von Strom, Wärme, Kraftstoff sowie unterschiedliche Ressourcen eingesetzt und es werden Treibhausgase frei.

Diese Informationen werden für jeden Produktionsprozess gesammelt. Dazu gehören: Wie groß war die Ernte? Wie viel Dünger wurde verwendet? Wie viel Kraftstoff haben die eingesetzten Maschinen verbraucht? Welches Futter wurde in welcher Menge verwendet und woher kommt es? Wie viel Strom hat die Schlachterei / Metzgerei verbraucht? Wie viel vom Tier wurde verarbeitet? Wohin werden die Teile transportiert? Und so weiter ...

Nicht berücksichtigt werden die Schritte beim Zubereiten zu Hause; also die Lebensmittelverarbeitung in der Küche und die Lebensmittelverschwendung.

Diese Arbeit wurde über die letzten Jahrzehnte hinweg von mehreren hundert Forschern geleistet, tausende solcher Prozesse bereits zusammengestellt und auch miteinander verkettet. Die Ergebnisse sind in unterschiedlichen Datenbanken gespeichert.

Was ist ein KlimaTeller?

Alle Gerichte in diesem Kochbuch sind sogenannte KlimaTeller und mit der KlimaTeller-App bilanziert.

Was macht einen KlimaTeller aus?

Ein Gericht ist ein KlimaTeller, wenn es mindestens 50 Prozent weniger CO_2-Emissionen verursacht als vergleichbare Gerichte. Vergleichbare Gerichte sind Speisen mit ähnlicher Food Unit (siehe Seite 15).

Was macht einen KlimaTeller aus?

1,6 kg CO_2

Durchschnittsgericht

50% weniger CO_2

KlimaTeller

Beispiel (siehe Grafik Seite 14): Ein durchschnittliches Hauptgericht verursacht etwa 1,6 kg CO_2 pro Portion – ein KlimaTeller maximal die Hälfte oder sogar weniger. Dabei werden die CO_2-Emissionen aller Zutaten auf dem Teller berücksichtigt.

Und: Weil 100 g Paprika nicht mit 100 g Pute vergleichbar sind, wenn es um die Menge, den Wassergehalt und die Nährwerte wie Kalorien, Fette und Proteine geht oder darum, satt zu werden, werden nur Gerichte verglichen, die sich diesbezüglich ähnlich sind. Kurz gesagt, machen vergleichbare Gerichte ähnlich satt.

Für den Vergleich wird dem Gericht je nach Menge, Wassergehalt und Nährwerten eine sogenannte Food Unit zugeschrieben. Die CO_2-Emissionen des Gerichts werden dann mit denen aller anderen Gerichte mit gleicher Food Unit verglichen. Dann sehen wir, wie viel besser oder schlechter das Gericht in diesem Vergleich abschneidet.

Was ist die KlimaTeller-App?

Mit der KlimaTeller-App kannst du die Klimabilanz deiner Rezepte ganz einfach und schnell berechnen. Dazu gibst du die Zutaten und deren Menge sowie die Portionen an, die daraus zubereitet werden, und die App ermittelt in Echtzeit, wie viele Emissionen das Gericht verursacht hat. In der KlimaTeller-App kannst du zur exakten Berechnung folgende Merkmale bei den Zutaten angeben: Herkunft, Transport, Konservierung, Verarbeitung, Conveniencegrad, Herstellungsweise, Verpackung. Die App zeigt dann, ob dein Gericht ein KlimaTeller ist.

Ist ein KlimaTeller auch gesund?

Der KlimaTeller nimmt in erster Linie die Auswirkungen unseres Essens auf das Klima in den Fokus. Die Zutaten, die besonders viel Platz auf dem KlimaTeller haben, weil sie klimafreundlich sind, entsprechen aber auch den gängigen Empfehlungen der Deutschen Gesellschaft für Ernährung (DGE).

Auf einem KlimaTeller machen pflanzliche Lebensmittel, wie Getreide und Getreideerzeugnisse, Kartoffeln, Gemüse, Salate und Obst, Hülsenfrüchte und pflanzliche Öle, den größten Anteil aus. Frische, wenig verarbeitete und saisonale Zutaten sowie wenig tierische Produkte verbessern die Klimabilanz. All diese Zutaten werden auch von der DGE empfohlen.

Findet Fleisch einen Platz auf dem KlimaTeller?

Ein Essen mit einer kleinen Portion Fleisch in Kombination mit Lebensmitteln mit geringem CO_2-Ausstoß kann ein KlimaTeller sein. Geflügel hat unter den Fleischsorten eine vergleichsweise geringe CO_2-Bilanz. Das liegt insbesondere daran, dass es, anders als Kühe und andere Wiederkäuer, kein Methan ausstößt. Bei Methan handelt es sich nämlich um ein Treibhausgas, welches besonders klimaschädlich wirkt. Deshalb weisen Gerichte mit hohem Anteil an pflanzlichen Zutaten im Durchschnitt eine wesentlich bessere Klimabilanz auf als jene mit hohem Anteil an tierischen Produkten, insbesondere Fleisch.

In diesem Kochbuch möchten wir euch daher die vorwiegend pflanzliche Küche eröffnen.

Wie kann ich nachhaltig Fleisch essen?

Die Klimabilanz eines Lebensmittels ist ein Faktor von zahlreichen, wenn es um den Verzehr von tierischen Lebensmitteln geht. Wenn du gerne nachhaltig Fleisch essen willst, haben wir ein paar Informationen für dich, worauf du achten kannst:

- ☑ Seltener Fleisch essen und dafür als etwas Besonderes zelebrieren
- ☑ Kleine(re) Portionen essen
- ☑ Kein Fleisch aus Massentierhaltung
- ☑ Fleisch aus artgerechter Tierhaltung
- ☑ Fleisch aus biologischer Herkunft
- ☑ Das ganze Tier verwerten

IST KLIMAFREUNDLICHE ERNÄHRUNG AUCH NACHHALTIG?

Bei der klimafreundlichen Ernährung fokussieren wir vor allem die Klimabilanz der Lebensmittel. Die Kriterien, die eine klimafreundliche Ernährung ausmachen, sind aber sehr stark verzahnt mit dem, was wir unter einer nachhaltigen Ernährung verstehen.

Nach von Koerber (2014) sind die Grundsätze für eine nachhaltige Ernährung:

1. Bevorzugung pflanzlicher Lebensmittel
2. Ökologisch erzeugte Lebensmittel
3. Regionale und saisonale Erzeugnisse
4. Bevorzugung gering verarbeiteter Lebensmittel
5. Fair gehandelte Lebensmittel
6. Ressourcenschonendes Haushalten
7. Genussvolle und bekömmliche Speisen

Die Aspekte pflanzliche und ökologische Lebensmittel, saisonale Erzeugnisse und den geringen Verarbeitungsgrad der Lebensmittel sowie das ressourcenschonende Haushalten haben wir ebenfalls als wesentliche Aspekte der klimafreundlichen Ernährung genannt.

Obwohl sich eine klimafreundliche und eine nachhaltige Ernährung in vielen Punkten überschneiden, bildet der klimabilanzierte CO_2-Wert nicht alle Nachhaltigkeitsaspekte vollständig ab. Dazu gehören der Wasserverbrauch, die Flächennutzung, die Landnutzungsänderungen vom Wald zum Acker oder zur Weidefläche und das Tierwohl. Dennoch sind diese Fakten wichtig und gehören zu einer nachhaltigen Ernährung.

Wie sehr unsere Ernährung den Prinzipien des Klimaschutzes und der Nachhaltigkeit entspricht, liegt in unseren eigenen Händen. Im Folgenden geben wir dir einfache Tipps, mit denen du deine Ernährung so klimafreundlich gestalten kannst, wie du möchtest.

EINFACHE TIPPS, WIE DU DEINE ERNÄHRUNG KLIMAFREUNDLICH(ER) GESTALTEN KANNST

Schon durch einige wenige Änderungen kannst du Einiges zum Klimaschutz beitragen. Hier ist eine Checkliste mit den wichtigsten Merkmalen der klimafreundlichen Küche:

1. Klimaunfreundliche durch klimafreundliche Lebensmittel ersetzen

Tierische Lebensmittel können in Rezepten oftmals gut durch pflanzliche Alternativen ersetzt werden, ohne dass das Geschmackserlebnis geschmälert wird. Für einen leichten Parmesangeschmack in Nudelgerichten können beispielsweise Hefeflocken verwendet werden. Für einen herzhaften Geschmack in Suppen kann statt Speck Räuchertofu oder Knollensellerie scharf angebraten werden. Nachfolgend einige Beispiele:

Butter
CO_2äq durch 1 Stück Butter (250 g): 3.033 g
CO_2äq durch 1 Stück Margarine (250 g): 337 g
✓ **spart 2.696 g CO_2äq pro Stück** (250 g)

Milch
CO_2äq für 1 l Kuhmilch: 1.818 g
CO_2äq für 1 l Haferdrink: 157 g
✓ **spart 1.661 g CO_2äq pro Liter**

Sahne
CO_2äq für 1 Packung (250 g) Sahne: 1.681 g
CO_2äq für 1 Packung Hafercuisine (250 g): 39 g
✓ **spart 1.642 g CO_2äq pro 250 g**

Speck
CO_2äq für 50 g Speck: 302 g
CO_2äq für 50 g (Räucher-)Tofu: 56 g
✓ **spart 246 g CO_2äq**

Käse
CO_2äq für 10 g Parmesan: 94 g
CO_2äq für 10 g Hefeflocken: 8 g
✓ **spart 86 g CO_2äq**

Ei
CO_2äq für 1 Ei (ca. 50 g): 110 g
CO_2äq für 1 EL Sojamehl (ca. 15 g), vermischt mit 2 EL Wasser (als Bindung z.B. in Kuchen): 50 g
✓ **spart 60 g CO_2äq**

CO_2-Äquivalent
In diesem Buch ist häufig vom CO_2-Äquivalent (CO_2äq, auch: CO_2e) die Rede. Dieser Wert bezieht außer CO_2 auch die Emissionen anderer Treibhausgase mit ein. Diese werden entsprechend ihrem globalen Erwärmungspotenzial in CO_2-Werte umgerechnet und fließen damit in die Berechnung ein.

2. Klimafreundlich einkaufen
Hier einige Strategien:

✓ Gut planen und so Lebensmittelabfälle vermeiden (nur so viel wie nötig, auf Haltbarkeit achten).

✓ Eigene Verpackungen (Stoffbeutel, Einkaufsnetz o.Ä.) mitbringen und dadurch unnötigen Verpackungsmüll vermeiden.

✓ Auf dem Wochenmarkt oder im Unverpacktladen einkaufen.

Achte beim Einkaufen außerdem darauf, dass die Lebensmittel

✓ frisch und unverarbeitet sind,
✓ aus der Nähe kommen,
✓ aus ökologischem Anbau stammen
✓ und saisonal sind.

3. Lebensmittelabfälle vermeiden

Eine einfache Möglichkeit, um Lebensmittelabfälle zu vermeiden, ist zum Beispiel, Gemüsereste zu verwerten. Denn Gemüsereste sind oftmals noch verwertbar und damit gar kein »Rest«:

✓ Der Strunk von Brokkoli oder Blumenkohl kann genauso wie die Röschen mitgegart werden, nachdem er geschält wurde.

✓ Petersilienstängel können klein gehackt und zu den Gerichten gegeben werden.

✓ Aus Karottengrün, Blättern von Radieschen oder Roter Bete lassen sich Pestos zaubern oder sie können ähnlich wie Spinat verwendet und gedünstet werden.

✓ Zwiebeln oder Knoblauch haben grüne Triebe bekommen? Super! Die Triebe werden in feine Ringe geschnitten und als Garnitur oder wie Frühlingszwiebelringe verwendet. Salatstrünke von zum Beispiel Romanasalat können – in Wasser gestellt – wieder austreiben. Aus der Mitte wachsen neue Blätter.

✓ Falls Bio-Karotten oder anderes Wurzelgemüse sowie Spargel geschält werden, können die (gewaschenen) Reste für die Zubereitung von Gemüsebrühe verwendet werden. Sie geben ein tolles Aroma. Nach dem Auskochen werden die festen Bestandteile aus der Brühe entfernt und die klare Brühe weiterverwendet.

✓ Saubere Schalen von Bio-Kartoffeln können nach dem Schälen in Öl angebraten, gewürzt und wie Chips gegessen werden. Aufgrund der Inhaltsstoffe ist dies jedoch nur in Maßen zu empfehlen. Kindern sollten Kartoffelschalen nicht serviert werden.

Hefeflocken für die besondere Würze

Hefeflocken sind nicht zu verwechseln mit Haferflocken, frischer Hefe bzw. Trockenhefe zum Backen oder Hefeextrakt. Hefeflocken (Edelhefe, englisch nutritional yeast) sind inaktive Hefe, sie schmecken würzig und leicht käsig, ähnlich wie Parmesan. Sie enthalten nennenswerte Mengen an B-Vitaminen sowie Mineralstoffen. Die würzige Note der Hefeflocken stammt von der enthaltenen Glutaminsäure, die auch in Hefeextrakt oder Parmesan steckt. Hefeflocken werden am besten am Ende der Garzeit zu den Gerichten gegeben, um das Aroma und die Nährstoffe zu erhalten. Sie eignen sich als würzige Zutat für Saucen, Burgerpatties, Aufstriche, Nudelgerichte, Gemüsechips usw.

21-TAGE-CHALLENGE

Vielleicht achtest du in Sachen Ernährung schon auf Nachhaltigkeit und Regionalität. Möglicherweise aber nur manchmal. Und vielleicht gelingt es dir nicht in dem Umfang, den du richtig und wichtig fändest. Dann bringst du die perfekten Voraussetzungen mit, um die Challenge, die wir dir gleich vorstellen, erfolgreich zu meistern.

Warum eine Challenge?

Manchmal wissen wir, dass wir nicht so handeln, wie es eigentlich für unsere Umwelt und damit auch für uns gut wäre. Dann meldet sich das schlechte Gewissen: Mach dir doch besser selbst einen Salat, als den in der Plastikschale zu kaufen! Schon wieder ein Avocado-Bagel? Du weißt doch, dass Avocado ganz schlecht für das Klima ist! Quinoa aus Südamerika? Das muss ja nun wirklich nicht sein! …

Allzu oft ignorieren wir allerdings diese inneren Mahnungen. Zum Beispiel, weil der richtige Anreiz fehlt, etwas zu verändern. Eine Challenge kann dir hier den entscheidenden Impuls geben. Denn damit hast du klare Regeln und ein Ziel vor Augen, nämlich die Herausforderung zu meistern und anschließend stolz auf dich zu sein.

Und warum 21 Tage?

Allgemein heißt es, nach 21 Tagen habe man neue Gewohnheiten verinnerlicht. Das kann auf dich zutreffen, muss es aber nicht. Dennoch sind drei Wochen ein ausreichend langer Zeitraum, in dem du viel Neues ausprobieren kannst und zumindest ein paar Veränderungen möglicherweise zu neuen Gewohnheiten werden. Trotzdem sind drei Wochen nicht so lange, dass kein Ende in Sicht ist und die Motivation »flöten« geht.

Also perfekt, um dich herauszufordern, ohne dich zu überfordern. Ganz individuell kannst du die Challenge natürlich auch verlängern, erweitern und an deine Bedürfnisse und Möglichkeiten anpassen. Fordere dich heraus, so wie es dir nötig und richtig erscheint!

How to?

Wie sieht nun diese 21-Tage-Challenge aus? Zunächst gibt es ein paar »Grundregeln«, an die du dich die nächsten drei Wochen hältst. Außerdem findest du auf Seite 22 kleine To-dos, für jeden der 21 Tage eines. Du kannst diese in beliebiger Reihenfolge umsetzen. Manchmal sind es kleinere Dinge, die es zu erledigen gilt, manchmal größere, manche Mini-Projekte erstrecken sich auch über mehrere Tage. Die Aufgaben helfen dir, klimafreundliche Möglichkeiten bei der Ernährung kennenzulernen und auszuprobieren.

Die Grundregeln

Auf den vorangegangenen Seiten haben wir dir schon erklärt, dass für eine klimafreundliche Ernährung regionale und saisonale Produkte sehr wichtig sind. Außerdem sollten pflanzliche Lebensmittel bevorzugt werden, da ihre Erzeugung weit weniger schädlich für das Klima ist als alles, was aus tierischer Produktion kommt.

Hier der Leitfaden
Saisonware first

Kaufe in den nächsten drei Wochen nur solche frischen Zutaten, die gerade Saison haben (siehe Saisonkalender). Schreibe dir am besten eine Liste mit dem Obst, dem Gemüse, den Kräutern und Salaten, die gerade erntefrisch zu bekommen sind. (In den Wintermonaten ist das Angebot zwar begrenzt, versuche es dennoch. Lagerware aus regionalem Anbau ist dann aber okay.)

Für regionale Ware entscheiden

Bevorzuge Produkte, die aus der Region oder näheren Umgebung stammen. Weit gereiste Zutaten wie Reis, Quinoa, Avocado oder Chiasamen sind tabu (es sei denn, du findest einen Produzenten in deiner Nähe). **Tipp:** Lade dir eine App herunter, die dir hilft, regionale Lebensmittel in deiner Nähe zu finden.

Vegan und vegetarisch essen

Lass in der Zeit der Challenge tierische Produkte wie Butter, Milch, Sahne, Käse und natürlich Fleisch weg. Es gibt mittlerweile so viele gute Alternativen, sodass du nicht lange danach suchen musst. Achte aber auch bei pflanzlichen Produkten auf deren Herkunft. Für Sojaprodukte wie Sojamilch oder Tofu sollten die Sojabohnen zumindest aus Europa kommen.

Do it yourself

Mach einen Bogen um Fertigprodukte und stark verarbeitete Lebensmittel. Aufstriche und pflanzliche Milchalternativen etwa kannst du ganz leicht selbst herstellen (siehe Seite 148–153). Falls es dir zeitlich problematisch scheint, Fertigprodukte zu vermeiden, hier eine Idee: Koche Hauptgerichte am Wochenende vor, sie halten sich, im Kühlschrank aufbewahrt, einige Tage. Nudelgerichte mit einem selbst gemachten Pesto oder einer Gemüsesauce lassen sich aber auch unter der Woche in kurzer Zeit zubereiten. Ebenso lässt sich zum Beispiel Hirse vorkochen und mit frisch gegartem Gemüse genießen. Dieses Kochbuch bietet dir außerdem eine Vielzahl an Rezeptideen für schnelle Lieblingsgerichte wie Pizza, Pasta oder Wraps.

Zero Waste

Wähle Lebensmittel aus, die nicht in Plastik verpackt sind. Bei regionaler und saisonaler Ware ist das ohnehin meistens der Fall. Habe außerdem immer eine Tragetasche und ein Obst- oder Gemüsenetz dabei. Dann bist du vorbereitet, falls du spontan einkaufen gehst.

Eigentlich gar nicht so viel, oder? Wenn du dich an diese Grundsätze hältst, wirst du automatisch mindestens 50 Prozent Emissionen gegenüber vergleichbaren Gerichten sparen und das Ziel damit erreichen.

21 KLEINE TO-DOS

1 Heimisches »Superfood« erkunden
Erkundige dich über heimische »Superfood«-Alternativen zu Quinoa, Chiasamen, Goji-Beeren oder Avocado.

2–4 Marmelade meets Food Swap (3-Tages-Projekt)
Tag 1: Koche Marmelade aus Früchten der Saison.
Tag 2: Informiere dich über Tauschmöglichkeiten deiner Marmelade (Food Swap).
Tag 3: Tausche deine Marmelade.

5–7 Back to the roots (3-Tages-Projekt)
Tag 1: Frage deine Großeltern, Eltern, Freunde oder Bekannte nach einem alten Gemüserezept.
Tag 2: Besorge die Zutaten für das Rezept (am besten auf dem Wochenmarkt).
Tag 3: Bereite das Rezept zu und teile dein Ergebnis auf Instagram, Pinterest oder Facebook

8–10 Essen retten (3-Tages-Projekt)
Tag 1: Erkundige dich über Möglichkeiten, als Lebensmittel-Retter in deiner Nähe aktiv zu werden.
Tag 2: Rette heute ein Lebensmittel, entweder über eine der Initiativen, die du in deiner Umgebung gefunden hast, oder zum Beispiel über die App »Too Good To Go«.
Tag 3: Rette beim Bäcker ein Lebensmittel »von gestern«.

11 Gehe essen – saisonal und regional
Mach ein Restaurant in deiner Nähe ausfindig, das auf Regionalität und Saisonalität setzt. Fisch, Fleisch und tierische Produkte sind bei diesem Restaurantbesuch ausnahmsweise erlaubt.

12–13 Heimatgemüse erkunden (2-Tage-Projekt)
Tag 1: Gehe in einen Hofladen oder zum Wochenmarkt. Kaufe dabei je nach Saison Karotten, Rote Bete oder Radieschen mit ihrem frischem Grün. Natürlich kannst du hier auch gleich deinen Wocheneinkauf erledigen.
Tag 2: Bereite ein Pesto aus dem Grün der Karotten, Roten Bete oder Radieschen zu. Das Gemüse kannst du nach Rezepten in diesem Buch verarbeiten.

14 Puddingpulver als Geschenk
Mache Puddingpulver selbst (siehe Seite 110 f.), verpacke es in kleine Gläser und verschenke diese an Familie, Freunde oder Kollegen.

15–18 Starte mit einem eigenen kleinen Kräuter- oder Gemüsegarten (4-Tages-Projekt)
Tag 1: Suche für deinen Mini-Indoor-Garten ein Pflanzgefäß heraus.
Tag 2: Kaufe Setzlinge (oder Saaten).
Tag 3: Informiere dich über die optimalen Wuchsbedingungen deiner Anzucht.
Tag 4: Pflanze deine Setzlinge oder Saaten ein. Pflege sie, bis sie dir leckere Zutaten für deine Gerichte schenken.

19–21 Kochen nach Plan (3-Tages-Projekt)
Tag 1: Erstelle einen (Meal-Prep-)Kochplan für 7 Tage.
Tag 2: Schreibe einen Einkaufszettel für die Zutaten in deinem Kochplan. Strukturiere die Zutaten so, wie du sie üblicherweise im Laden findest.
Tag 3: Gehe nach Plan einkaufen und bereite die Rezepte im Laufe der Woche zu.

KALTE, LEICHTE KÜCHE
SALATE, GAZPACHO, WRAPS & CO.

KLIMABILANZ 278 g CO$_2$äq pro Portion, 52 % besser als vergleichbare Salate
NÄHRWERT 320 kcal pro Portion

SOMMERLICHER BROTSALAT MIT MINZE

Je nach Saison kann Brotsalat mit anderem Gemüse (siehe zum Beispiel Seite 27) und Kräutern zubereitet werden.

 2 Portionen   30 Minuten    einfach   Sommer

Für den Salat

100 g Brot vom Vortag,
    z.B. Baguette
    (siehe Seite 162)
2 EL Olivenöl
1 Schalotte
1 Knoblauchzehe
½ kleine Salatgurke
2 kleine Strauchtomaten
½ kleiner Kopf Blattsalat
    der Saison

Für das Dressing

3 Stängel frische glatte
    Petersilie
2 Stängel frische Minze
3 EL Zitronensaft
3 EL Olivenöl
Salz

Für den Salat das Brot in 2 cm große Würfel schneiden und in einer großen Pfanne im heißen Olivenöl anrösten. Die Schalotte und den Knoblauch abziehen und beides fein hacken. Die Gurke und die Tomaten waschen. Die Stielansätze der Tomaten entfernen und das Gemüse in mundgerechte Würfel schneiden. Den Salat waschen, trockentupfen und in mundgerechte Stücke zupfen. Anschließend zusammen mit den Brotwürfeln, der Gurke, den Tomaten, dem Salat, den Zwiebeln und dem Knoblauch in einer Schüssel vermengen.

Für das Dressing die Petersilie und die Minze waschen, trockentupfen, die Blätter abzupfen und grob hacken. Den Zitronensaft mit dem Olivenöl, den Kräutern und 1–2 Prisen Salz vermengen und unter den Brotsalat heben. Den Salat auf zwei Schalen verteilen und als Bowl servieren (Bild siehe Seite 21).

KLIMABILANZ 277 g CO_2äq pro Portion, 59 % besser als vergleichbare Salate
NÄHRWERT 356 kcal pro Portion

WÄRMENDER BROTSALAT MIT WIRSING

Ein Brotsalat eignet sich gut, um etwas hart gewordenes Brot zu verwerten.

 2 Portionen   45 Minuten   einfach   Herbst & Winter

Für den Salat

½ kleiner Wirsing
3 Karotten
1 Petersilienwurzel
50 g Knollensellerie
Salz
100 g Brot vom Vortag,
   z.B. Baguette
   (siehe Seite 162)
4 EL Olivenöl

Für das Dressing

2 EL Apfelessig
   (siehe Seite 156)
2 EL Balsamicoessig
2 EL Olivenöl
Salz
frisch gemahlener
   schwarzer Pfeffer

Für den Salat den Wirsing waschen und die Blätter grob zerkleinern. Die Karotten, die Petersilienwurzel und den Sellerie waschen, schälen und in mundgerechte Würfel schneiden. Die Gemüsewürfel in kochendem, gesalzenem Wasser 3 Minuten garen. Dann die zerkleinerten Wirsingblätter zugeben und für 1 weitere Minute mitgaren. Das Gemüse anschließend abgießen und kalt abschrecken.

Das Brot in 2 cm große Würfel schneiden und in einer großen Pfanne in 2 EL heißem Olivenöl anrösten. Die Brotwürfel aus der Pfanne nehmen und beiseitestellen. Die abgetropften Gemüsewürfel in die Pfanne geben und in 2 EL Olivenöl anbraten. Anschließend etwas abkühlen lassen.

In der Zwischenzeit für das Dressing den Apfelessig mit dem Balsamicoessig und dem Olivenöl verrühren. Die Brot- und Gemüsewürfel mit dem Dressing in einer Schüssel vermengen und mit Salz und Pfeffer abschmecken. Den Salat auf zwei Schalen verteilen und als Bowl servieren (Bild siehe Seite 15).

KLIMABILANZ 84 g CO_2äq pro Portion, 76 % besser als vergleichbare Salate
NÄHRWERT 160 kcal pro Portion

ROHKOSTSALAT MIT KÜRBIS UND ROTER BETE

Der Rohkostsalat lässt sich je nach Geschmack und Saison gut mit anderem Knollengemüse zubereiten: zum Beispiel mit Karotten (92 g CO_2äq), Kohlrabi (91 g CO_2äq) oder Knollensellerie (94 g CO_2äq).

2 Portionen   25 Minuten + Ziehzeit: 20 Minuten   mittel   Herbst & Winter

Für den Salat

125 g Hokkaidokürbis
1 kleine Knolle Rote Bete
1 säuerlicher Apfel

Für das Dressing

1 EL Kürbiskernöl
1 EL Zitronensaft
1 EL Apfelsaft
½ EL Balsamicoessig
½ TL gemahlene
   Fenchelsamen
Salz
frisch gemahlener
   schwarzer Pfeffer

Für die Garnitur

½ Bund frischer
   Schnittlauch
1 EL Kürbiskerne

Für den Salat den Kürbis spalten und entkernen. Die Rote Bete waschen und schälen. Beides fein raspeln. Den Apfel waschen, entkernen, grob raspeln und mit dem Kürbis und der Roten Bete in einer Schüssel vermengen.

Für das Dressing das Kürbiskernöl mit dem Zitronensaft, dem Apfelsaft und dem Balsamicoessig vermischen. Mit den Fenchelsamen und je 1–2 Prisen Salz und Pfeffer würzen. Das Dressing über den Rohkostsalat geben, alles vermengen und 20 Minuten ziehen lassen.

In der Zwischenzeit für die Garnitur den Schnittlauch waschen, trockentupfen und in feine Röllchen schneiden. Die Kürbiskerne in einer Pfanne ohne Fett leicht anrösten. Den Salat auf zwei Schalen verteilen, mit Schnittlauch und Kürbiskernen bestreuen und als Bowl servieren.

Tipp

Statt Kürbiskernen können auch 1 EL Sonnenblumenkerne (76 g CO_2äq), Haselnusskerne (94 g CO_2äq) oder Walnusskerne (88 g CO_2äq) angeröstet und der Salat damit getoppt werden. In der Klimabilanz macht es keinen erheblichen Unterschied.

KLIMABILANZ 118 g CO$_2$äq pro Portion, 71 % besser als vergleichbare Salate
NÄHRWERT 196 kcal pro Portion

ACKERBOHNEN-KÜRBIS-SALAT

Von Juni bis August können Ackerbohnen (auch als Dicke Bohnen, Saubohnen, Favabohnen oder Puffbohnen bekannt) frisch auf dem Wochenmarkt gekauft werden. Bei der Verwendung von frischen Ackerbohnen entfällt das Einweichen und die grünen Ackerbohnenkerne können direkt in 5 Minuten weich gekocht werden.

 2 Portionen 60 Minuten + Einweichzeit: 24 Stunden mittel Sommer & Herbst

Für den Salat

50 g getrocknete, unge-
  schälte Ackerbohnen-
  kerne (alternativ:
  frische Ackerbohnen-
  kerne)
1 Prise Natron (optional)
1 Lorbeerblatt
¼ kleiner Butternutkürbis
  (ca. 200 g)
2 kleine Zwiebeln
2 EL Kürbiskerne für
  die Garnitur

Für das Dressing

1 EL Apfelessig
  (siehe Seite 156)
1 TL körniger Senf
Salz
frisch gemahlener
  schwarzer Pfeffer
1 EL Rapsöl
2 EL Kürbiskernöl

Für den Salat die getrockneten Ackerbohnen in reichlich Wasser einweichen und 24 Stunden quellen lassen. Das Einweichwasser dabei zwei- bis dreimal wechseln. Am nächsten Tag in ein Sieb abgießen und abbrausen. Die Bohnen in einem Topf mit frischem Wasser bedecken und mit dem Natron und dem Lorbeerblatt aufkochen. Bei mittlerer Temperatur in etwa 20 Minuten weich kochen. Anschließend abgießen.

In der Zwischenzeit den Kürbis waschen, entkernen, schälen und in mundgerechte Würfel schneiden. Einen Topf mit Dämpfeinsatz 1 cm hoch mit Wasser befüllen und dieses aufkochen. Die Kürbiswürfel in den Dämpfeinsatz geben und abgedeckt 5 Minuten dämpfen. Den Dämpfeinsatz herausnehmen und den Kürbis abkühlen lassen.

Für das Dressing den Apfelessig mit dem Senf, jeweils 1–2 Prisen Salz und Pfeffer, sowie dem Raps- und Kürbiskernöl verrühren. Die Kürbiskerne ohne Fett in einer Pfanne leicht anrösten. Die Zwiebeln abziehen und in feine Ringe schneiden.

Die Kürbiswürfel, die Ackerbohnen und die Zwiebeln mit dem Dressing in einer Schüssel vermengen. Zum Anrichten auf zwei Teller verteilen und mit den Kürbiskernen toppen.

Tipp
Natron verbessert die Verdaulichkeit.

KLIMABILANZ 337 g CO$_2$äq pro Portion, 57 % besser als vergleichbare Salate
NÄHRWERT 411 kcal pro Portion

FRUCHTIGER LINSENSALAT MIT TOMATEN UND PAPRIKA

Im Winter kann der Linsensalat mit Kohl- und Knollengemüse zubereitet werden.

 2 Portionen  50 Minuten + Einweichzeit: 24 Stunden  mittel Sommer

100 g Tellerlinsen
1 Lauchzwiebel
2 Strauchtomaten
½ rote Paprikaschote
½ Salatgurke
2 kleine Gewürzgurken
2 EL Olivenöl
1 EL Zitronensaft
½ TL gemahlener
   Kreuzkümmel
Salz
frisch gemahlener
   schwarzer Pfeffer
3 Stängel frisches
   Basilikum
3 Stängel frische glatte
   Petersilie
2 kleine Baguettes
   (siehe Seite 162)
   als Beilage

Die Linsen in reichlich Wasser über Nacht quellen lassen. Am nächsten Tag die Linsen in ein Sieb abgießen und kalt abspülen. Entsprechend der Packungsangabe ist dieser Schritt eventuell nicht nötig.

Die Linsen mit reichlich frischem Wasser in einem Topf aufkochen und bissfest garen. Das kann je nach Linsenart 30 – 45 Minuten dauern. Die Linsen anschließend abgießen und kalt abspülen.

Während die Linsen garen, die Lauchzwiebel, die Tomaten, die Paprikaschote und die Salatgurke waschen. Die Lauchzwiebel putzen und in feine Ringe schneiden. Den Stielansatz der Tomate herausschneiden und die Tomaten in Würfel schneiden. Die Paprikaschote entkernen, den Stielansatz sowie die weißen Häute entfernen und das Fruchtfleisch zusammen mit den beiden Gurkensorten würfeln. Das Gemüse mit den Linsen in einer Schüssel vermengen. Den Salat mit Olivenöl, Zitronensaft, Kreuzkümmel und jeweils 1 – 2 Prisen Salz und Pfeffer würzen.

Die Kräuter waschen, trockentupfen, die Blätter abzupfen und klein schneiden. Die Baguettes in Scheiben schneiden und nach Belieben in einer Pfanne leicht anrösten. Den Salat auf zwei Schalen verteilen und mit den Kräutern bestreut als Bowl servieren. Das Baguette dazureichen.

Tipp
Der Salat ist eine leckere Grillbeilage. Das Baguette dann auf dem Grill rösten.

RESTEKÜCHE   Die Radieschenblätter können zum Beispiel für Pesto (siehe Seite 142),
             Suppen oder grüne Smoothies weiterverwendet werden.
KLIMABILANZ 259 g CO$_2$äq pro Portion, 62 % besser als vergleichbare Salate
NÄHRWERT   354 kcal pro Portion

HIRSESALAT MIT RADIESCHEN

Im Winter kann der Hirsesalat mit Kohl- und Knollengemüse zubereitet werden.

 2 Portionen   45 Minuten + Einweichzeit: 8 Stunden   mittel   Sommer & Herbst

125 g Hirse
Salz
5 Radieschen
½ Salatgurke
½ Paprikaschote
2 Karotten
½ Bund frischer Schnitt-
   lauch oder Lauchzwiebeln
3 EL Olivenöl
1 EL Zitronensaft
1 EL Apfelessig
   (siehe Seite 156)
frisch gemahlener
   schwarzer Pfeffer

Die Hirse nach Packungsangabe zubereiten. Anschließend in eine Schüssel geben und abkühlen lassen.

In der Zwischenzeit die Radieschen, die Gurke, die Paprikaschote und die Karotten waschen, putzen und gegebenenfalls schälen. Das Gemüse in kleine Würfel schneiden. Einige Radieschenwürfel für die Garnitur beiseitestellen. Die übrigen Gemüsewürfel mit der Hirse vermengen. Den Schnittlauch oder die Lauchzwiebeln waschen, trockentupfen und in kleine Röllchen schneiden.

Für das Dressing das Olivenöl mit dem Zitronensaft, dem Apfelessig, den Schnittlauchröllchen, je 1–2 Prisen Salz und Pfeffer verrühren und unter den Hirsesalat heben. Den Salat auf zwei Schalen verteilen und als Bowl servieren. Mit Radieschenwürfeln garnieren.

Tipp
Wer keine Hirse mag, kann anderes Getreide, zum Beispiel Weizen wie Bulgur oder Couscous, Dinkel, Gerste, oder Pseudogetreide, zum Beispiel Buchweizen, verwenden. Die Zubereitung erfolgt nach Packungsangabe.

KLIMABILANZ 266 g CO$_2$äq pro Portion, 75 % besser als vergleichbare Gerichte
NÄHRWERT   650 kcal pro Portion

WRAPS MIT FELDSALAT, RÄUCHERTOFU UND ROTE-BETE-WALNUSS-CREME

Soja gibt es auch aus Deutschland, Österreich oder Frankreich. Die Herkunft wird meist prominent auf dem Produkt platziert oder steht unter der Zutatenliste. Achte beim Einkauf von Tofu & Co. auf Bio-Qualität und checke zusätzlich die Herkunft des Sojas.

 2 Portionen   20 Minuten    einfach   Herbst

4 kleine Weizenwraps
   (siehe Seite 172)
2 Portionen Rote-Bete-
   Walnuss-Creme
   (siehe Seite 137)
70 g Feldsalat
100 g Räuchertofu
1 EL Olivenöl

Die Wraps und die Rote-Bete-Walnuss-Creme nach Rezept zubereiten. Für die Rote-Bete-Walnuss-Creme wird die Hälfte der auf Seite 137 angegebenen Menge benötigt.

Den Feldsalat putzen, waschen und trockentupfen. Den Räuchertofu in 1 cm breite Streifen schneiden und in einer Pfanne im heißen Olivenöl kross anbraten. Die Wraps mit Rote-Bete-Walnuss-Creme bestreichen, den Feldsalat darauf verteilen und mit den Räuchertofustreifen belegen. Die Wraps aufrollen und auf zwei Tellern anrichten.

Klimabilanz »Soja«
CO$_2$-Wert für 50 g Sojabohnen aus Deutschland: 52 g CO$_2$äq
CO$_2$-Wert für 50 g Sojabohnen aus Brasilien: 68 g CO$_2$äq

80 % des weltweiten Sojas wird als eiweißreiches Futtermittel für die Massentierhaltung genutzt. Der Anbau erfolgt in riesigen Monokulturen und für die Anbauflächen werden große Flächen Regenwald gerodet. Auch Deutschland ist für die Fütterung seiner Nutztiere, also für die Fleisch- und Milchproduktion, auf Sojaimporte aus Südamerika angewiesen. Das für den menschlichen Verzehr gedachte Soja wird übrigens nicht auf gerodeten Regenwaldflächen angebaut.

KLIMABILANZ 334 g CO₂äq pro Portion, 69 % besser als vergleichbare Gerichte
NÄHRWERT 673 kcal pro Portion

WRAPS MIT GRILLGEMÜSE UND RUCOLA

Abwandlung gewünscht? Im Sommer haben zum Beispiel außerdem Brokkoli, Fenchel und Kohlrabi Saison.

 2 Portionen   30 Minuten   einfach   Sommer

4 kleine Weizenwraps
(siehe Seite 172)
2 Portionen Aioli
(siehe Seite 145)
1 Bund Rucola
1 kleine Zucchini
1 rote Paprikaschote
1 Zwiebel
2 EL Rapsöl
1 TL edelsüßes
Paprikapulver
Salz
frisch gemahlener
schwarzer Pfeffer

Die Wraps und die Aioli nach Rezept zubereiten. Für die Aioli werden zwei Drittel der im Rezept auf Seite 145 angegebenen Menge benötigt.

Den Rucola waschen und trockentupfen. Die Zucchini waschen und längs in 1 cm breite Scheiben schneiden. Die Paprikaschote waschen, entkernen, den Stielansatz sowie die weißen Häute entfernen und das Fruchtfleisch in 2 cm breite Streifen schneiden. Die Zwiebel abziehen und in schmale Spalten schneiden.

Die Gemüsestücke in einer Schüssel mit dem Rapsöl, dem Paprikapulver und jeweils 1–2 Prisen Salz und Pfeffer marinieren. Anschließend etwa 3 Minuten von jeder Seite in einer Pfanne anbraten. Alternativ das Gemüse direkt (200 °C direkte Hitze) oder in einer Grillschale auf dem Grill garen.

Die Wraps in der Mitte mit der Aioli bestreichen. Den Rucola und die Gemüsestücke darauf verteilen. Die Wraps aufrollen und auf zwei Tellern anrichten.

KLIMABILANZ 218 g CO$_2$äq pro Portion, 81 % besser als vergleichbare Gerichte
NÄHRWERT 687 kcal pro Portion

HERZHAFTE WRAPS MIT WINTERGEMÜSE

Abwandlung gewünscht? Im Winter haben zum Beispiel außerdem Rosenkohl,
Pilze und Lauch Saison.

 2 Portionen   15 Minuten + Ziehzeit: 30 Minuten   einfach   Winter

4 kleine Weizenwraps
(siehe Seite 172)
100 g Sonnenblumenkern-
aufstrich (siehe Seite 140)
150 g Weißkohl
1 Karotte
½ TL Salz
frisch gemahlener
schwarzer Pfeffer
1 Prise gemahlener
Kümmel
1 Prise Zucker
1 EL Weißweinessig
½ Bund Schnittlauch

Die Wraps und den Sonnenblumenkernaufstrich nach Rezept zubereiten.

Den Weißkohl waschen, trockentupfen und grob raspeln. Die Karotte waschen, schälen und ebenfalls grob raspeln. Das Gemüse mit dem Salz in einer Schüssel vermengen und alles 3 Minuten kräftig durchkneten, bis Wasser austritt. Die Mischung 30 Minuten ziehen lassen. Anschließend in einem Sieb gut abtropfen lassen.

Die Karotten-Weißkohl-Mischung mit 1–2 Prisen Pfeffer, dem Kümmel, dem Zucker und dem Essig würzen. Den Schnittlauch waschen, trockentupfen und in feine Röllchen schneiden.

Die Wraps mit dem Sonnenblumenkernaufstrich bestreichen, das Gemüse darauf verteilen und mit dem Schnittlauch bestreuen. Die Wraps aufrollen und auf zwei Tellern anrichten.

KLIMABILANZ 298 g CO$_2$äq pro Portion, 56 % besser als vergleichbare Gerichte
NÄHRWERT 199 kcal pro Portion

ERFRISCHENDE GURKENSUPPE

In diesem Rezept lassen sich übrig gebliebene gekochte Kartoffeln gut verwerten.

 2 Portionen 15 Minuten  einfach  Sommer

1 Salatgurke
2 Stangen Staudensellerie
2 Lauchzwiebeln
1 Bund frisches Basilikum
1 gekochte Kartoffel
1 TL frische Dillspitzen
Saft von 1 Limette oder
    Zitrone
Salz
2 EL Olivenöl
frisch gemahlener
    weißer Pfeffer

Die Gurke, den Sellerie und die Lauchzwiebeln putzen, waschen und in grobe Stücke teilen. Ein etwa 5 cm großes Gurkenstück in kleine Würfel schneiden. Das Basilikum abbrausen, trockentupfen und die Blätter von den Stielen zupfen. Die Gurkenwürfel und einige Basilikumblätter für die Garnitur beiseitestellen. Die Kartoffel schälen.

Das Gemüse mit dem Basilikum, dem Dill, dem Limetten- oder Zitronensaft, 1 TL Salz, 400 ml Wasser und der gekochten Kartoffel in der Küchenmaschine etwa 1 Minute cremig pürieren. Das Olivenöl unterrühren und die Mischung mit Salz und Pfeffer abschmecken. Die Suppe erneut aufmixen und in Schüsseln anrichten. Mit den Gurkenwürfeln und Basilikumblättern garnieren.

FRUCHTIGE ERDBEER-GAZPACHO

Die Gazpacho ist an heißen Tagen das ideal Klimaschützer-Gericht.

 2 Portionen   15 Minuten    einfach   Sommer

½ Salatgurke
250 g reife Tomaten
½ rote Paprikaschote
200 g frische Erdbeeren
½ kleine Chilischote
½ Knoblauchzehe
4 Stängel Minze
1 EL Balsamicoessig
1 EL Olivenöl
½ TL Salz
½ TL frisch gemahlener
  Pfeffer
2 kleine Baguette (siehe
  Seite 162)

Die Gurke, die Tomaten, die Paprikaschote, die Erdbeeren und die Chilischote waschen. Die Gurke schälen und in grobe Stücke teilen. Den Stielansatz der Tomaten herausschneiden und die Tomaten in Würfel schneiden. Die Paprikaschote entkernen, den Stielansatz sowie die weißen Häute entfernen und das Fruchtfleisch würfeln. Die Erdbeeren halbieren. Die Chilischote in Ringe schneiden. Den Knoblauch abziehen und grob hacken. Die Minzestängel waschen, trockentupfen, die Blätter abzupfen und ebenfalls grob hacken. Einige Blättchen für die Garnitur beiseitelegen.

Die vorbereiteten Zutaten in einen hohen Mixbecher geben und fein pürieren. Dann den Balsamicoessig und das Olivenöl unterrühren. Die Erdbeer-Gazpacho mit Salz und Pfeffer würzen. Zum Anrichten auf zwei Schälchen oder Gläser verteilen und mit der Minze bestreut servieren. Die Baguettes dazureichen.

WARME KÜCHE
HERZHAFT & LEICHT, TRADITIONELL & MODERN

KLIMABILANZ 473 g CO$_2$äq pro Portion, 70 % besser als vergleichbare Gerichte
NÄHRWERT 904 kcal pro Portion

PASTA MIT GERÖSTETEM SOMMERGEMÜSE

In diesem Gericht lassen sich gut Gemüsereste verarbeiten. In den Ofen kommt, was gerade da ist und was das Herz begehrt. Im Herbst und Winter eignet sich Wurzelgemüse wie Karotte, Knollensellerie oder Pastinake. Im Frühjahr lassen sich frische Champignons und Spargel ebenfalls gut im Ofen zubereiten.

 2 Portionen 20 Minuten + Ziehzeit: 20 Minuten + Garzeit: 30 Minuten mittel Sommer

Für das Sommergemüse
½ Zucchini
½ Aubergine
Salz
½ Zwiebel
1 kleine Knoblauchzehe
2 Tomaten
1 kleine rote Paprikaschote
2 Zweige frischer Thymian
4 EL Olivenöl

Außerdem
150 ml Sonnenblumen-
    kernsahne
    (siehe Seite 152)
250 g Nudeln
    (z.B. Fusilli, Penne,
    Linguine oder Tagliatelle)
Salz
frische Basilikumblätter für
    die Garnitur

Die Sonnenblumenkernsahne nach Rezept zubereiten. Es wird etwa die Hälfte der im Rezept auf Seite 152 angegebenen Menge benötigt.

Für das Sommergemüse die Zucchini und die Aubergine waschen und den Stielansatz entfernen. Das Gemüse in 1 cm dicke Scheiben schneiden. Diese in einer Schüssel mit 1 TL Salz gründlich vermengen und 20 Minuten ziehen lassen.

Anschließend die Gemüsescheiben abwaschen, trockentupfen und in 3 cm breite Würfel schneiden. Den Backofen auf 220 °C Ober-/Unterhitze (200 °C Umluft) vorheizen. Die Zwiebel und den Knoblauch abziehen und in Scheiben schneiden. Die Tomaten und die Paprikaschote waschen. Den Stielansatz der Tomaten entfernen und die Tomaten in 3 cm große Würfel schneiden. Die Paprika entkernen, den Stielansatz sowie die weißen Häute entfernen und das Fruchtfleisch in 3 cm große Würfel schneiden. Die Thymianzweige waschen und trockenschütteln.

Das vorbereitete Gemüse in einer Auflaufform verteilen, mit ½ TL Salz würzen, das Olivenöl darüberträufeln und die Thymianzweige darauflegen. Im vorgeheizten Backofen auf dem mittleren Einschub 15 Minuten garen. Das Gemüse danach wenden und weitere 10–15 Minuten garen.

In der Zwischenzeit die Nudeln nach Packungsangabe in gesalzenem Wasser garen. Anschließend abgießen und mit der Sonnenblumenkernsahne vermengen. Die Pasta auf zwei Teller verteilen, das gegarte Gemüse daraufgeben und mit gewaschenen Basilikumblättern garnieren.

KLIMABILANZ 486 g CO$_2$äq pro Portion, 58 % besser als vergleichbare Gerichte
NÄHRWERT 704 kcal pro Portion

PASTA MIT FRUCHTIGER KAROTTEN-BOLOGNESE

Ein alternatives Pasta-Sommer-Gericht ist die Pasta mit geröstetem Sommergemüse (siehe Seite 46). Im Herbst schmeckt auch die Pasta mit gerösteter Kürbissauce (siehe Seite 50).

 2 Portionen   20 Minuten + Garzeit: 20 Minuten    einfach   Sommer & Herbst

Für die Sauce bolognese

1 Zwiebel
2 mittelgroße Karotten
¼ Knolle Sellerie
1 Handvoll frische
    Basilikumblätter
1 EL Olivenöl + mehr
    zum Beträufeln
1 Prise Tandoori Masala
    (indische Gewürz-
    mischung)
1 Prise gemahlene
    Koriandersamen
frisch gemahlener
    schwarzer Pfeffer
1 Prise Gemüsebrühepulver
500 g passierte Tomaten
2 TL getrockneter Oregano
½ TL gemahlener Lorbeer

Außerdem

250 g Spaghetti
Salz

Für die Sauce bolognese die Zwiebel abziehen und klein schneiden. Die Karotten und den Sellerie waschen, schälen und in grobe Stücke schneiden. Diese im Universalzerkleinerer klein schroten oder auf der Küchenreibe grob raspeln. Das Basilikum waschen, trockentupfen und in feine Stücke zupfen. Etwas Basilikum für die Garnitur beiseitestellen.

Das Olivenöl in einer Pfanne erhitzen. Die Karotten-Sellerie-Mischung und die Zwiebelwürfel darin anschwitzen. Das Tandoori Masala, den Koriander, 1 Prise Pfeffer und das Gemüsebrühepulver hinzugeben und untermischen. Die passierten Tomaten zum Gemüse geben, die Kräuter hinzufügen und alles mit Salz und Pfeffer abschmecken. Die Sauce etwa 5 Minuten leise köcheln lassen.

In der Zwischenzeit die Spaghetti in reichlich leicht gesalzenem Wasser nach Packungsangabe al dente garen. Anschließend abgießen und mit der Karotten-Bolognese in zwei tiefen Tellern anrichten. Mit etwas Olivenöl beträufeln und mit Basilikum bestreut servieren.

Pasta mit Spitzkohlgemüse
(siehe Seite 51)

Pasta mit gerösteter Kürbissauce
(siehe Seite 50)

Pasta mit fruchtiger Karotten-Bolognese (siehe Seite 47)

Pasta mit geröstetem Sommergemüse (siehe Seite 46)

KLIMABILANZ 232 g CO$_2$äq pro Portion, 73 % besser als vergleichbare Gerichte
NÄHRWERT 538 kcal pro Portion

PASTA MIT GERÖSTETER KÜRBISSAUCE

Butternutkürbis ist im September und Oktober erntefrisch zu bekommen.
Wie beim Hokkaidokürbis kann auch die Schale des Butternutkürbis mitgegessen
werden. Es dauert allerdings länger, bis die Schale weich ist.

 2 Portionen   15 Minuten + Garzeit: 35 Minuten   einfach   Herbst & Winter

Für die Kürbissauce
½ Butternutkürbis
2 EL Olivenöl
Salz
1 Knoblauchzehe
½ Chilischote
5 frische Salbeiblätter
2 Zweige frischer Thymian
100 ml Gemüsebrühe
frisch gemahlener
   schwarzer Pfeffer

Außerdem
250 g Nudeln (z. B. Tagliatelle oder Linguine)
Salz

Für die Kürbissauce den Backofen auf 200 °C Umluft vorheizen. Den Kürbis waschen und entkernen. Die Schnittfläche mit 1 EL Olivenöl bestreichen und mit 2 Prisen Salz bestreuen. Den Kürbis mit der Schnittfläche nach oben in eine Auflaufform legen und im vorgeheizten Backofen auf dem mittleren Einschub 20 Minuten backen.

Kurz vor Ende der Garzeit den Knoblauch abziehen. Die Chilischote waschen, putzen und entkernen. Den Salbei und den Thymian waschen und trockentupfen. Alles grob hacken und in einer Pfanne im restlichen Olivenöl (1 EL) 2–3 Minuten anschwitzen. Den gerösteten Kürbis in grobe Stücke schneiden und in die Pfanne geben. Die Stücke 2–3 Minuten anbraten. Dann mit der Gemüsebrühe ablöschen und bei mittlerer Temperatur köcheln lassen, bis der Kürbis zerfallen ist. Die Sauce mit Salz und Pfeffer abschmecken.

Während die Sauce kocht, die Nudeln in reichlich leicht gesalzenem Wasser nach Packungsangabe al dente garen. Anschließend abgießen und unter die Kürbissauce heben. Die Pasta in zwei tiefen Tellern anrichten.

KLIMABILANZ 417 g CO_2äq pro Portion, 58 % besser als vergleichbare Gerichte
NÄHRWERT 588 kcal pro Portion

PASTA MIT SPITZKOHLGEMÜSE

Spitzkohl ist bereits im Frühsommer bis in den November hinein erntefrisch erhältlich.

 2 Portionen   20 Minuten + Garzeit: 20 Minuten   einfach    Herbst & Winter

Für das Spitzkohlgemüse
1 Zwiebel
1 Paprikaschote
   (bis Herbst verfügbar)
250 g Spitzkohl
2 kleine Karotten
1 EL Olivenöl
125 g passierte Tomaten
frisch gemahlener
   schwarzer Pfeffer

Außerdem
½ Bund frische Petersilie
   für die Garnitur
250 g Nudeln (z.B. Spa-
   ghetti, Tagliatelle oder
   Linguine)
Salz

Für das Spitzkohlgemüse die Zwiebel abziehen und in kleine Würfel schneiden. Die Paprikaschote und den Spitzkohl putzen und waschen. Die Paprika entkernen und den Stielansatz sowie die weißen Häute entfernen. Die Paprika und den Spitzkohl in feine Streifen schneiden. Die Karotten putzen, schälen und in dünne Scheiben schneiden. Die Petersilie abbrausen, trockentupfen, grob hacken und bis zum Anrichten beiseitestellen.

Das Olivenöl in einer Pfanne erhitzen. Die Zwiebeln darin glasig an-schwitzen. Die Paprika und die Karotten zugeben und 5 Minuten mit anbraten. Dann den Spitzkohl zufügen und alles weitere 3 Minuten garen. Das Gemüse anschließend mit den passierten Tomaten ablöschen, mit Salz und Pfeffer würzen und 5 Minuten köcheln lassen.

In der Zwischenzeit die Nudeln in reichlich leicht gesalzenem Wasser nach Packungsangabe al dente garen. Anschließend abgießen und mit der Sauce vermengen. Die Pasta auf zwei Teller verteilen, mit der Petersilie bestreuen und heiß servieren.

KLIMABILANZ 156 g CO$_2$äq pro Portion (2 Puffer), 78 % besser als vergleichbare Gerichte
NÄHRWERT 402 kcal pro Portion (2 Puffer)

KARTOFFELPUFFER MIT SPINAT UND KRÄUTERN

Kartoffeln werden in großem Maßstab in Deutschland angebaut und können je nach Sorte gut gelagert werden. Im Frühjahr stammen die in den Supermärkten erhältlichen Kartoffeln jedoch oftmals aus warmen Regionen wie Ägypten, wo sie aufwendig gewässert werden. Ein Blick auf das Herkunftsland lohnt sich, auch bei Bio-Kartoffeln.

 2 Portionen à 2 Puffer   15 Minuten + Garzeit: 10 Minuten   mittel   Sommer & Herbst

2 Handvoll frischer
   Blattspinat
2 EL fein geschnittener
   frischer Schnittlauch
2 EL fein gehackter frischer
   Estragon (alternativ:
   frische glatte Petersilie)
Salz
frisch gemahlener
   schwarzer Pfeffer
3 kleine festkochende
   Kartoffeln
3 EL Pflanzenmargarine
2 EL Olivenöl

Den Blattspinat gründlich waschen, trockenschütteln und fein hacken. Die Kräuter, den Blattspinat, ½ TL Salz und 2–3 Prisen Pfeffer in einer Schüssel vermengen. Die Kartoffeln waschen, schälen, grob raspeln und die Flüssigkeit ausdrücken. Anschließend zur Kräuter-Spinat-Mischung geben und untermischen.

Eine Pfanne erhitzen und etwas Margarine sowie Öl hineingeben. Für je 1 Puffer je 1 gehäuften EL der Kartoffelmasse in die Pfanne geben. Die Masse etwas flach drücken und 2 Minuten braten. Die Puffer dann wenden und auf der zweiten Seite in weiteren 2–3 Minuten goldbraun braten. Anschließend auf Küchenpapier abtropfen lassen.

Die Kartoffelpuffer pur oder mit einem Dip genießen.

KLIMABILANZ 144 g CO_2äq pro Portion (2 Puffer), 79 % besser als vergleichbare Gerichte
NÄHRWERT   393 kcal pro Portion (2 Puffer)

KARTOFFELPUFFER MIT ZUCCHINI UND KRÄUTERN

Kartoffelpuffer sind echte Klimaschützer. Hier kannst du fast
80 % CO_2 gegenüber vergleichbaren Gerichten einsparen.

 2 Portionen à 2 Puffer   15 Minuten + Garzeit: 10 Minuten   mittel Sommer & Herbst

2 EL fein geschnittener
  frischer Schnittlauch
2 EL fein gehackter frischer
  Estragon (alternativ:
  frische glatte Petersilie)
Salz
frisch gemahlener
  schwarzer Pfeffer
3 kleine festkochende
  Kartoffeln
½ kleine Zucchini
3 EL Pflanzenmargarine
2 EL Olivenöl

Die Kräuter mit ½ TL Salz und 2–3 Prisen Pfeffer in einer Schüssel vermengen. Die Kartoffeln waschen, schälen, grob raspeln und die Flüssigkeit
ausdrücken. Die Zucchini waschen und die Enden abschneiden. Das Fruchtfleisch ebenfalls grob raspeln und die Flüssigkeit leicht ausdrücken.
Die Kartoffeln und die Zucchini mit den Kräutern vermengen.

Eine Pfanne erhitzen und etwas Margarine sowie Öl hineingeben. Für je
1 Puffer je 1 gehäuften EL der Kartoffelmasse in die Pfanne geben. Die Masse
etwas flach drücken und 2 Minuten braten. Die Puffer dann wenden und auf
der zweiten Seite in weiteren 2–3 Minuten goldbraun braten. Anschließend
auf Küchenpapier abtropfen lassen.

Die Kartoffelpuffer pur oder mit einem Dip genießen.

KLIMABILANZ 137 g CO$_2$äq pro Portion (2 Puffer), 81 % besser als vergleichbare Gerichte
NÄHRWERT 401 kcal pro Portion (2 Puffer)

KARTOFFELPUFFER MIT KÜRBIS UND KRÄUTERN

Kartoffelpuffer sind echte Klimaschützer. Hier kannst du über
80 % CO$_2$ gegenüber vergleichbaren Gerichten einsparen.

---

 2 Portionen à 2 Puffer   20 Minuten + Garzeit: 10 Minuten   mittel   Herbst

2 EL fein geschnittener
   frischer Schnittlauch
2 EL fein gehackter frischer
   Estragon (alternativ:
   frische glatte Petersilie)
Salz
frisch gemahlener
   schwarzer Pfeffer
3 kleine festkochende
   Kartoffeln
¼ Hokkaidokürbis
3 EL Pflanzenmargarine
2 EL Olivenöl

Die Kräuter mit ½ TL Salz und 2–3 Prisen Pfeffer in einer Schüssel vermengen. Die Kartoffeln waschen, schälen, grob raspeln und die Flüssigkeit
ausdrücken. Den Kürbis waschen, entkernen und ebenfalls grob raspeln.
Die Kartoffeln und den Kürbis zu den Kräutern geben und untermischen.

Eine Pfanne erhitzen und etwas Margarine sowie Öl hineingeben.
Für je 1 Puffer je 1 gehäuften EL der Kartoffelmasse in die Pfanne geben.
Die Masse etwas flach drücken und 2 Minuten braten. Die Puffer dann
wenden und auf der zweiten Seite in weiteren 2–3 Minuten goldbraun
braten. Anschließend auf Küchenpapier abtropfen lassen.

Die Kartoffelpuffer pur oder mit einem Dip genießen.

KLIMABILANZ 307 g CO_2äq pro Portion (2 kleine Pizzas), 71 % besser als vergleichbare Gerichte
NÄHRWERT 555 kcal pro Portion (2 kleine Pizzas)

FRÜHLINGSPIZZA MIT SPARGEL

Spargel hat eine sehr kurze Saison, die nur von April bis Juni dauert.
Pizzabelag sind aber kaum Grenzen gesetzt. Die kleinen Pizzas eignen sich
für Experimente mit verschiedenem Gemüse je nach Saison.

2 Portionen à 2 kleine Pizzas

mittel

Teig: 25 Minuten + Gehzeit: 30 Minuten + Backzeit: 15 Minuten

Frühjahr

kerniger Pizzateig für
   4 Pizzas (siehe Seite 167)
50 g Kräuter-Pesto
   (siehe Seite 138)
400 g grüner und weißer
   Spargel
2 Lauchzwiebeln
1 EL Hefeflocken (optional)

Den Pizzateig nach Rezept herstellen und gehen lassen. Das Kräuter-Pesto nach Rezept zubereiten. Für das Pesto wird ein Viertel der im Rezept auf Seite 138 angegebenen Menge benötigt.

Während der Teig geht, den grünen und den weißen Spargel waschen und gegebenenfalls die holzigen Enden abschneiden. Den weißen Spargel schälen und 2 Minuten in leicht kochendem Wasser blanchieren. Anschließend abgießen und kalt abschrecken. Die Lauchzwiebeln putzen, waschen und in schmale Ringe schneiden. Die Spargelstangen in mundgerechte Stücke schneiden.

Den Backofen auf 220 °C Ober-/Unterhitze vorheizen. Ein Backblech mit Backpapier auslegen.

Aus dem Pizzateig vier kleine runde Fladen (etwa 10 cm Ø) formen, auf das Backblech legen und mit dem Kräuter-Pesto bestreichen. Nach Belieben mit Hefeflocken bestreuen. Die Lauchzwiebeln und Spargelstücke auf den Teigstücken verteilen und die Pizzas im vorgeheizten Backofen auf dem zweiten Einschub von unten 10–15 Minuten backen.

Anschließend aus dem Ofen nehmen und auf flachen Tellern anrichten.

KLIMABILANZ 218 g CO$_2$äq pro Portion (2 kleine Pizzas), 77 % besser als vergleichbare Gerichte
NÄHRWERT 476 kcal pro Portion (2 kleine Pizzas)

BUNTE SOMMERPIZZA MIT BROKKOLI

Brokkoli und Zucchini haben von Juni bis Oktober Saison. Brokkoli ist erntefrisch auch schon im Mai und noch im November erhältlich.

👤 2 Portionen à 2 kleine Pizzas 🕐 15 Minuten + Gehzeit: 30 Minuten + Backzeit: 15 Minuten

📊 mittel 📅 Sommer

kerniger Pizzateig für
   4 Pizzas (siehe Seite 167)
250 g Brokkoli
Salz
1 rote Zwiebel
1 kleine Zucchini
4 Stängel frisches
   Basilikum für die
   Garnitur
20 g Tomatenmark
½ TL getrockneter Oregano
frisch gemahlener
   schwarzer Pfeffer
1 EL Hefeflocken (optional)

Den Pizzateig nach Rezept herstellen und gehen lassen.

Während der Teig geht, den Brokkoli waschen und in kleine Röschen teilen. Den Strunk schälen und in Scheiben schneiden. Den Brokkoli dann 3 Minuten in kochendem, leicht gesalzenem Wasser garen. Anschließend abgießen, kalt abschrecken und abtropfen lassen.

Die Zwiebel abziehen und in dünne Ringe schneiden. Die Zucchini waschen, den Stielansatz entfernen und das Fruchtfleisch in dünne Scheiben schneiden. Das Basilikum waschen, trockentupfen, die Blätter abzupfen und für die Dekoration beiseitestellen.

Das Tomatenmark mit 4 EL Wasser glatt rühren und mit dem Oregano und je 1–2 Prisen Salz und Pfeffer würzen.

Den Backofen auf 220 °C Ober-/Unterhitze vorheizen. Ein Backblech mit Backpapier auslegen.

Aus dem Pizzateig vier kleine runde Fladen (etwa 10 cm Ø) formen, auf das Backblech legen und mit der Tomatensauce bestreichen. Nach Belieben mit Hefeflocken bestreuen. Den Brokkoli, die Zwiebel und die Zucchini auf den Teigstücken verteilen und die Pizzas im vorgeheizten Backofen auf dem zweiten Einschub von unten 10–15 Minuten backen.

Anschließend aus dem Ofen nehmen, auf flachen Tellern anrichten und mit Basilikum bestreut servieren.

Frühlingspizza mit Spargel
(siehe Seite 56)

Herzhafte Herbstpizza mit Kürbis
und Lauch (siehe Seite 60)

Rot-grüne Winterpizza
(siehe Seite 61)

Bunte Sommerpizza mit
Brokkoli (siehe Seite 57)

KLIMABILANZ 224 g CO$_2$äq pro Portion (2 kleine Pizzas), 81 % besser als vergleichbare Gerichte
NÄHRWERT 622 kcal pro Portion (2 kleine Pizzas)

HERZHAFTE HERBSTPIZZA MIT KÜRBIS UND LAUCH

Wenn du keinen Räuchertofu magst, kannst du ihn entweder ganz weglassen oder durch scharf angebratene Knollensellerie ersetzen (siehe Seite 80). Knollensellerie ist den ganzen Herbst und im Winter erntefrisch zu bekommen.

👤 2 Portionen à 2 kleine Pizzas

🕐 25 Minuten + Gehzeit: 30 Minuten + Backzeit: 20 Minuten

📶 mittel

📅 Herbst

kerniger Pizzateig für
   4 Pizzas (siehe Seite 167)
50 g Sonnenblumenkern-
   aufstrich (siehe Seite 140)
200 g Hokkaidokürbis
100 g Räuchertofu
   (optional)
½ Stange Lauch
1 EL Hefeflocken (optional)
frisch gemahlener
   schwarzer Pfeffer
½ TL getrockneter Thymian

Den Pizzateig nach Rezept herstellen und gehen lassen. Den Sonnenblumen-kernaufstrich nach Grundrezept zubereiten. Für den Sonnenblumenkern-aufstrich werden etwa zwei Fünftel der im Rezept auf Seite 140 angegebenen Menge benötigt.

Den Kürbis waschen, entkernen und grob raspeln. Den Räuchertofu in kleine Würfel schneiden. Den Lauch längs aufschneiden, waschen, putzen und in sehr dünne Ringe schneiden.

Den Backofen auf 220 °C Ober-/Unterhitze vorheizen. Ein Backblech mit Backpapier auslegen.

Aus dem Pizzateig vier kleine runde Fladen (etwa 10 cm Ø) formen, auf das Backblech legen und mit dem Sonnenblumenkernaufstrich bestreichen. Nach Belieben mit Hefeflocken bestreuen. Den Kürbis, die Tofuwürfel und die Lauchringe auf den Teigstücken verteilen. Mit etwas Pfeffer und Thymian würzen und die Pizzas im vorgeheizten Backofen auf dem zweiten Einschub von unten 15 – 20 Minuten backen.

Anschließend aus dem Ofen nehmen und auf flachen Tellern anrichten.

KLIMABILANZ 163 g CO$_2$äq pro Portion (2 kleine Pizzas), 83 % besser als vergleichbare Gerichte
NÄHRWERT 532 kcal pro Portion (2 kleine Pizzas)

ROT-GRÜNE WINTERPIZZA

Wer es herzhafter mag, fügt dem Rezept ein paar Zehen Knoblauch hinzu: Dazu den Knoblauch in dünne Scheiben schneiden, diese auf der Pizza verteilen und mitbacken. Beim Hantieren mit Roter Bete empfiehlt es sich, Handschuhe zu tragen.

2 Portionen à 2 kleine Pizzas

25 Minuten + Gehzeit 30 Minuten + Backzeit: 15 Minuten

mittel

Winter

kerniger Pizzateig für
   4 Pizzas (siehe Seite 167)
50 g Grünkohl-Walnuss-
   Pesto (siehe Seite 144)
1 Knolle Rote Bete
100 g Grünkohl
1 EL Hefeflocken (optional)

Den Pizzateig nach Rezept herstellen und gehen lassen. Das Grünkohl-Walnuss-Pesto nach Rezept zubereiten. Für das Pesto wird ein Viertel der im Rezept auf Seite 144 angegebenen Menge benötigt.

Die Rote Bete waschen, putzen und 30 Minuten in kochendem Wasser garen. Anschließend abgießen und abkühlen lassen. Den Grünkohl waschen und die dicken Blattrispen entfernen. Die Blätter 5 Minuten in kochendem Wasser garen. Anschließend abgießen, abschrecken, gut ausdrücken und grob hacken. Die Rote Bete schälen und in schmale Scheiben schneiden.

Den Backofen auf 220 °C Ober-/Unterhitze vorheizen. Ein Backblech mit Backpapier auslegen.

Aus dem Pizzateig vier kleine runde Fladen (etwa 10 cm Ø) formen, auf das Backblech legen und mit dem Pesto bestreichen. Nach Belieben mit Hefeflocken bestreuen. Den Grünkohl und die Rote Bete auf den Teigstücken verteilen und die Pizzas im vorgeheizten Backofen auf dem zweiten Einschub von unten 12–15 Minuten backen.

Anschließend aus dem Ofen nehmen und auf flachen Tellern anrichten.

KLIMABILANZ 206 g CO$_2$äq pro Portion (1 Burger), 77 % besser als vergleichbare Gerichte
NÄHRWERT 583 kcal pro Portion (1 Burger)

GRÜNKERNBURGER

Die Bratlinge können vorbereitet und gebraten oder ungebraten tiefgekühlt aufbewahrt werden.

 2 Portionen 45 Minuten einfach 🗓 Sommer & Herbst

Für die Grünkernbratlinge
½ Karotte
30 g Lauch
80 g Grünkernschrot
4 EL Sonnenblumenöl
1 EL Sonnenblumenkerne
2 EL Haferflocken
1 TL getrockneter Oregano
½ TL getrockneter Majoran
1 TL Tomatenmark
Salz
frisch gemahlener
   schwarzer Pfeffer
Zucker
1 TL geschrotete
   Leinsamen

Außerdem
2 Burger-Buns
   (siehe Seite 170)
½ Tomate
½ rote Zwiebel
1 Gewürzgurke
2 Blätter Blattsalat der
   Saison
2 EL Erbsenaufstrich
   (siehe Seite 131)
1 EL Mayonnaise oder Aioli
   (siehe Seite 145)

Die Burger-Buns nach Rezept zubereiten.

Für die Grünkernbratlinge die Karotte und den Lauch putzen, waschen und in kleine Würfel schneiden. Das Grünkernschrot mit den Gemüsewürfeln in einer Pfanne in 1 EL Sonnenblumenöl 1–2 Minuten anbraten. 150 ml Wasser, die Sonnenblumenkerne und die Haferflocken zugeben und die Mischung aufkochen. Den Oregano, den Majoran und das Tomatenmark unterrühren. Die Masse mit je 1–2 Prisen Salz, Pfeffer und Zucker würzen. Dann von der Herdplatte nehmen und 5 Minuten abkühlen lassen.

Die Leinsamen unter die abgekühlte Bratlingmasse rühren und 10 Minuten quellen lassen. Danach aus der Masse zwei Bratlinge formen und diese in einer erhitzten Pfanne in 2 EL Sonnenblumenöl bei mittlerer Temperatur etwa 8 Minuten von beiden Seiten braten.

Für den Belag die Tomate waschen und in dünne Scheiben schneiden. Die Zwiebel abziehen und in dünne Ringe schneiden. Die Gewürzgurke in Scheiben schneiden. Die Salatblätter waschen und trockentupfen.

Zum Anrichten die Burger-Buns aufschneiden und die unteren Hälften mit je 1 EL Erbsenaufstrich bestreichen. Mit je 1 Salatblatt, 1 Grünkernbratling sowie je der Hälfte der Tomaten- und Gewürzgurkenscheiben belegen. Je ½ EL Mayonnaise oder Aioli daraufgeben und mit Zwiebelringen toppen. Die oberen Hälften der Buns aufsetzen.

Die Burger auf Tellern anrichten und mit einem Spieß oder Zahnstocher fixieren. Dazu Salat, Polenta-Sticks (siehe Seite 124) oder Ofengemüse der Saison (siehe Seite 67 ff.) reichen.

Hirseburger mit Rucola
(siehe Seite 64)

Burger mit Grillgemüse
(siehe Seite 66)

Grünkernburger
(siehe Seite 62)

KLIMABILANZ 176 g CO$_2$äq pro Portion (1 Burger), 75 % besser als vergleichbare Gerichte
NÄHRWERT 483 kcal pro Portion (1 Burger)

HIRSEBURGER MIT RUCOLA

Die Bratlinge können vorbereitet und fertig gebacken oder ungebacken tiefgekühlt aufbewahrt werden.

---

2 Portionen (2 Burger)

einfach

45 Minuten + Einweichzeit: 12 Stunden bzw. über Nacht

Sommer & Herbst

Für die Hirsebratlinge
40 g Hirse
100 g Brokkoli
Salz
neutrales Pflanzenöl
  zum Einfetten
2 EL Weizenmehl Type 405
  zum Bestäuben
½ kleine Zwiebel
½ Knoblauchzehe
½ Karotte
½ TL gemahlener
  Kreuzkümmel
½ TL Currypulver (optional)
frisch gemahlener
  schwarzer Pfeffer

Die Burger-Buns nach Rezept zubereiten.

Die Hirse nach Packungsangabe zubereiten.

Währenddessen den Brokkoli waschen und in kleine Stücke zerteilen. Diese in leicht gesalzenem Wasser 3–4 Minuten kochen. Anschließend abgießen und kalt abschrecken.

Den Backofen auf 180 °C Ober-/Unterhitze vorheizen. Ein Backblech mit etwas Pflanzenöl einfetten und mit dem Mehl bestäuben. Die Zwiebel und den Knoblauch abziehen und in feine Würfel schneiden. Die Karotte putzen, schälen und grob raspeln. Die Hirse mit dem Brokkoli, der Zwiebel, dem Knoblauch und der Karotte in einer Schüssel vermengen. Die Mischung mit dem Kreuzkümmel, dem Currypulver und 1–2 Prisen Salz sowie Pfeffer würzen.

Aus der Masse zwei Bratlinge formen und diese auf das vorbereitete Backblech setzen. Die Bratlinge im vorgeheizten Backofen auf dem zweiten Einschub von unten 30 Minuten backen und danach leicht abkühlen lassen.

Außerdem

2 Burger-Buns
  (siehe Seite 170)

½ Paprikaschote

½ Bund Rucola

2 EL Karotten-Walnuss-
  Creme (siehe Seite 130)

2 EL Sprossen (optional)

Für den Belag die Paprikaschote waschen, entkernen, den Stielansatz sowie die weißen Häute entfernen und das Fruchtfleisch in dünne Streifen schneiden. Den Rucola waschen, trockentupfen und verlesen.

Zum Anrichten die Burger-Buns aufschneiden und die unteren Hälften mit je 1 EL Karotten-Walnuss-Creme bestreichen. Mit dem Rucola und den Hirsebratlingen belegen. Die Paprikastreifen und nach Belieben die Sprossen darauf verteilen. Die oberen Hälften der Buns aufsetzen.

Die Burger auf Tellern anrichten und mit einem Spieß oder Zahnstocher fixieren. Dazu Salat, Polenta-Sticks (siehe Seite 124) oder Ofengemüse der Saison (siehe Seite 67 ff.) reichen.

Sprossen selber ziehen im Keimglas

Sprossen haben zahlreiche Vorteile. Sie werten optisch und hinsichtlich des Nährstoffgehalts jedes Gericht auf. Dazu lohnt sich die Anschaffung eines Keimglases.

Anleitung: 1 EL Samen (am besten in Bio-Qualität) in einem feinen Sieb unter fließendem Wasser kalt abspülen. Anschließend in ein Keimglas geben und mit etwa der doppelten Menge Wasser bedecken. Die Samen nach Packungsangabe einweichen (1–8 Stunden).
Nach der Einweichzeit das Wasser abgießen und nicht gekeimte Samen aussortieren. Die Sprossen im Glas zwei- bis dreimal täglich mit frischem Wasser durchspülen und abgießen. Die Sprossen an einem hellen Ort ohne direkte Sonneneinstrahlung nach Packungsangabe 3–5 Tage keimen lassen.

Die selbst gezogenen Sprossen eignen sich als Topping für Suppen, Brote mit Aufstrich, Wraps und Salate.

KLIMABILANZ 242 g CO_2äq pro Portion (1 Burger), 61 % besser als vergleichbare Gerichte
NÄHRWERT 363 kcal pro Portion (1 Burger)

BURGER MIT GRILLGEMÜSE

Für die Zubereitung im Herbst und im Winter Saisongemüse wie Rote Bete oder Kürbis in dünne Scheiben schneiden und mit Öl und Gewürzen in der Pfanne braten oder im Backofen garen. Die Burgerbrötchen anschließend damit belegen.

 2 Portionen (2 Burger)   30 Minuten   einfach   Sommer

2 Burger-Buns
  (siehe Seite 170)
2 Portionen (Wild-)
  Kräuter-Pesto
  (siehe Seite 138)
½ Zucchini
½ Aubergine
1 EL Olivenöl
Salz
frisch gemahlener
  schwarzer Pfeffer
1 EL gehackte frische
  Kräuter der Saison
½ Tomate
2 Salatblätter (je nach
  Saison, z.B. Kopfsalat,
  Lollo rosso oder bianco)

Die Burger-Buns und das Pesto nach Rezept zubereiten. Für das Pesto wird die Hälfte der im Rezept auf Seite 138 angegebenen Menge benötigt. Bei Zubereitung auf dem Grill diesen auf 220 °C vorheizen.

Für den Belag die Zucchini und die Aubergine waschen und putzen. Beides in etwa 1 cm dicke Scheiben schneiden und in einer Schüssel mit dem Öl, je 2–3 Prisen Salz und Pfeffer und den Kräutern vermischen. Das Gemüse auf dem vorgeheizten Grill (etwa 220 °C direkte Hitze) oder in einer erhitzten Pfanne von beiden Seiten braun anbraten. Die Tomate waschen, den Stielansatz entfernen und die Tomate in dünne Scheiben schneiden.

Zum Anrichten die Burger-Buns aufschneiden und die Schnittflächen mit dem Pesto bestreichen. Die unteren Hälften mit dem Salat und dem Grillgemüse belegen. Die oberen Hälften der Buns aufsetzen.

Die Burger auf Tellern anrichten und mit einem Spieß oder Zahnstocher fixieren. Dazu einen Salat, Polenta-Sticks (siehe Seite 124) oder Ofengemüse (siehe Seite 67 ff.) der Saison reichen.

KLIMABILANZ 313 g CO_2äq pro Portion, 56 % besser als vergleichbare Gerichte
NÄHRWERT 401 kcal pro Portion

SOMMERGEMÜSE AUS DEM OFEN

Ofengemüse sind kaum Grenzen gesetzt, es eignet sich gut für Experimente
mit verschiedenem Gemüse je nach Saison.

 2 Portionen   20 Minuten + Garzeit: 40 Minuten   einfach   Sommer

1 Zwiebel
2 mittelgroße Zucchini
2 Handvoll Cherrytomaten
½ Bund frische krause
    Petersilie
2 EL Balsamicoessig
2 EL Olivenöl
1 TL Salz
frisch gemahlener
    schwarzer Pfeffer
2 ½ TL getrocknete
    italienische Kräuter

Den Backofen auf 180 °C Heißluft (oder Umluft) vorheizen. Die Zwiebel
abziehen. Die Zucchini waschen und putzen. Beides in kleine Würfel
schneiden. Die Cherrytomaten waschen und halbieren. Die Petersilie abbrausen, trockentupfen und fein hacken.

Das vorbereitete Gemüse und die Petersilie in eine Schüssel geben.
Mit dem Balsamicoessig, dem Olivenöl, dem Salz, 2–3 Prisen Pfeffer und
den italienischen Kräutern würzen. Die Zutaten gut vermengen und in
einer Auflaufform verteilen. Dann im vorgeheizten Backofen auf dem
mittleren Einschub etwa 30–40 Minuten garen.

Anschließend aus dem Ofen nehmen und auf zwei Teller verteilen.
Mit Brot oder Baguette servieren.

KLIMABILANZ 282 g CO_2äq pro Portion, 59 % besser als vergleichbare Gerichte
NÄHRWERT 377 kcal pro Portion

HERBSTGEMÜSE AUS DEM OFEN

Eine leckere Beilage – und Alternative zu Pommes – ist Ofenkürbis. Dafür wird er wie in diesem Rezept einfach im Ofen gegart. Hier ist er außerdem mit verschiedenem Gemüse verfeinert.

 2 Portionen   20 Minuten + Garzeit: 50 Minuten   einfach   Herbst

¼ Hokkaidokürbis
½ Fenchelknolle
¼ kleine Steckrübe
1 Stange Lauch
½ Bund frische krause
  Petersilie
2 EL Balsamicoessig
2 EL Olivenöl
1 TL Salz
frisch gemahlener
  schwarzer Pfeffer
2 ½ TL getrocknete
  italienische Kräuter

Den Backofen auf 180 °C Heißluft (oder Umluft) vorheizen. Den Kürbis ent-kernen, die Fenchelknolle putzen, die Steckrübe schälen, den Lauch längs auf-schneiden. Das Gemüse waschen und in kleine Würfel schneiden. Die Petersilie abbrausen, trockentupfen und fein hacken.

Das vorbereitete Gemüse und die Petersilie in eine Schüssel geben. Mit dem Balsamicoessig, dem Olivenöl, dem Salz, 2–3 Prisen Pfeffer und den italieni-schen Kräutern würzen. Die Zutaten gut vermengen und in einer Auflaufform verteilen. Dann im vorgeheizten Backofen auf dem mittleren Einschub etwa 45–50 Minuten garen.

Anschließend aus dem Ofen nehmen und auf zwei Teller verteilen.
Mit Brot oder Baguette servieren.

KLIMABILANZ 242 g CO$_2$äq pro Portion, 58 % besser als vergleichbare Gerichte
NÄHRWERT 361 kcal pro Portion

WINTERGEMÜSE AUS DEM OFEN

Grünkohl (englisch kale) hat sich in den letzten Jahren zum Trendgemüse entwickelt.
Probier doch auch einmal die Grünkohlchips von Seite 121.

 2 Portionen 20 Minuten + Garzeit: 50 Minuten   einfach   Winter

1 Knolle Rote Bete
2 mittelgroße Karotten
50 g Grünkohl ohne Stiel
   und Strunk
½ Bund frische krause
   Petersilie
2 EL Balsamicoessig
2 EL Olivenöl
1 TL Salz
frisch gemahlener
   schwarzer Pfeffer
2 ½ TL getrocknete
   italienische Kräuter

Den Backofen auf 180 °C Heißluft (oder Umluft) vorheizen. Die Rote Bete und die Karotten waschen, schälen und in kleine Würfel, Scheiben oder längliche Streifen schneiden. Den Grünkohl waschen und in mundgerechte Stücke teilen. Die Petersilie abbrausen, trockentupfen und fein hacken.

Das vorbereitete Gemüse und die Petersilie in eine Schüssel geben. Mit dem Balsamicoessig, dem Olivenöl, dem Salz, 2–3 Prisen Pfeffer und den italienischen Kräutern würzen. Die Zutaten gut vermengen und in einer Auflaufform verteilen. Dann im vorgeheizten Backofen auf dem mittleren Einschub etwa 45–50 Minuten garen.

Anschließend aus dem Ofen nehmen und auf zwei Teller verteilen. Mit Brot oder Baguette servieren.

KLIMABILANZ 149 g CO$_2$äq pro Portion, 69 % besser als vergleichbare Gerichte
NÄHRWERT 286 kcal pro Portion

HERBSTLICHE CRÊPES MIT KÜRBISFÜLLUNG

Schmeckt wunderbar auch mit anderem Herbstgemüse wie Wirsing,
Rote Bete, Pastinaken oder Pilzen.

 2 Portionen   30 Minuten   mittel   Herbst & Winter

Crêpeteig ohne Zucker
  für 2 Portionen
  (siehe Seite 174)
¼ Hokkaidokürbis
1 kleine Zwiebel
1 Knoblauchzehe
ca. 2 EL Olivenöl
Salz
frisch gemahlener
  weißer Pfeffer
Rohrohrzucker
4 Stängel frische glatte
  Petersilie für die Garnitur

Den Crêpeteig nach Rezept herstellen.

Für die Kürbisfüllung den Kürbis entkernen, dann in Spalten und anschließend in Scheiben schneiden. Die Zwiebel und den Knoblauch abziehen und in feine Würfel schneiden. Den Kürbis in einer Pfanne in 1 EL heißem Olivenöl bei mittlerer Temperatur 5 Minuten anbraten. Die Zwiebel und den Knoblauch hinzufügen und den Pfanneninhalt weitere 5 Minuten garen. Mit je 1–2 Prisen Salz, Pfeffer und Zucker würzen. Den gebratenen Kürbis anschließend beiseitestellen.

Für die Crêpes in einer zweiten Pfanne 1 TL Olivenöl erhitzen. Etwas Crêpeteig mit einer Kelle in die Pfanne geben, die Pfanne schwenken, bis der Boden gleichmäßig dünn bedeckt ist. Etwa 1 Minute braten, bis die Ränder goldbraun geworden sind. Den Crêpe wenden und auf der anderen Seite in 1 weiterer Minute goldbraun ausbacken. Dann aus der Pfanne nehmen und aus dem übrigen Teig weitere Crêpes backen.

Die Petersilie abbrausen, trockentupfen und fein hacken. Zum Anrichten die Crêpes auf zwei Teller geben, die Kürbisfüllung auf je einer Hälfte verteilen und die andere Hälfte darüberklappen. Mit frischer Petersilie garnieren.

Tipp
Anstelle der Crêpes kann das Gemüse in Wraps (siehe Seite 172) gerollt oder mit Buchweizenpancakes (siehe Seite 175) genossen werden.

Sommerliche Crêpes mit
Grillgemüse (siehe Seite 72)

Herbstliche Crêpes mit
Kürbisfüllung (siehe Seite 70)

KLIMABILANZ 248 g CO$_2$äq pro Portion Crêpe, 54 % besser als vergleichbare Gerichte
NÄHRWERT 287 kcal pro Portion

SOMMERLICHE CRÊPES MIT GEBRATENEM GEMÜSE

Die Winter- und Herbstvariante der Crêpes findest du auf Seite 70.

 2 Portionen 30 Minuten mittel  Sommer

Crêpeteig ohne Zucker
   für 2 Portionen
   (siehe Seite 174)
1 Zwiebel
1 Knoblauchzehe
½ Aubergine
½ Zucchini
ca. 2 EL Olivenöl
Salz
frisch gemahlener
   schwarzer Pfeffer
1 EL fein gehackte frische
   Kräuter (je nach Saison,
   z. B. Basilikum, Petersilie,
   Dill oder Kerbel) + etwas
   mehr für die Garnitur
1 Tomate

Den Crêpeteig nach Rezept herstellen.

Für das gebratene Gemüse die Zwiebel und den Knoblauch abziehen. Die Zwiebel in grobe Stücke, den Knoblauch in dünne Scheiben schneiden. Die Aubergine und die Zucchini waschen, putzen und in mundgerechte Stücke teilen. Die Zwiebel, den Knoblauch und das Gemüse in einer Schüssel mit 1 EL Olivenöl, 1–2 Prisen Salz und Pfeffer und den Kräutern vermengen. Die Mischung in einer Pfanne bei mittlerer Temperatur etwa 6–8 Minuten braten, bis die Zwiebel glasig ist. Die Tomate waschen, den Stielansatz entfernen und die Tomate in grobe Stücke schneiden. Anschließend zum Gemüse geben, untermischen und den Pfanneninhalt weitere 5 Minuten garen.

Für die Crêpes in einer zweiten Pfanne 1 TL Olivenöl erhitzen. Etwas Crêpeteig mit einer Kelle in die Pfanne geben, die Pfanne schwenken, bis der Boden gleichmäßig dünn bedeckt ist. Etwa 1 Minute braten, bis die Ränder goldbraun geworden sind. Den Crêpe wenden und auf der anderen Seite in 1 weiterer Minute goldbraun ausbacken. Dann aus der Pfanne nehmen und aus dem übrigen Teig weitere Crêpes backen.

Zum Anrichten die Crêpes auf zwei Teller geben, das Sommergemüse auf je einer Hälfte verteilen und die andere Hälfte darüberklappen. Mit frischen Kräutern garnieren.

Tipp
Anstelle der Crêpes kann das Gemüse in Wraps (siehe Seite 172) gerollt oder mit Buchweizenpancakes (siehe Seite 175) genossen werden.

KLIMABILANZ 137 g CO$_2$äq pro Portion, 71 % besser als vergleichbare Gerichte
NÄHRWERT 297 kcal pro Portion

SCHNELLE SAUERTEIG-PFANNKUCHEN MIT PILZEN

Bei frischen Waldpilzen ist Vorsicht geboten. Vom Selber-Sammeln ist unbedingt abzuraten, es sei denn, du kennst dich mit Pilzen sehr gut aus. Zu groß ist sonst das Risiko, zu giftigen Pilzen zu greifen.

2 Portionen   20 Minuten   mittel   Frühjahr & Sommer

2 Portionen vorbereiteter
    Sauerteigansatz (siehe
    Seite 164), ca. 300 g
1 kräftige Prise Salz
100 g frische Waldpilze
2 Lauchzwiebeln
2 TL Olivenöl
frisch gemahlener
    schwarzer Pfeffer
6 Stängel frische glatte
    Petersilie für die Garnitur

Den Sauerteigansatz mit dem Salz würzen. Die Pilze putzen, abreiben und in kleine Stücke schneiden. Die Lauchzwiebeln putzen, waschen und in dünne Ringe schneiden.

Eine kleine beschichtete Pfanne bei mittlerer Temperatur erhitzen. 1 TL Olivenöl hineingeben. Etwa die Hälfte der Pilze und Lauchzwiebeln in der Pfanne verteilen und mit Pfeffer würzen. Dann die Hälfte des Teiges darübergeben. Die Pfanne schwenken, bis der Teig den Boden der Pfanne gleichmäßig bedeckt. Den Pfannkuchen 3 Minuten bei mittlerer Temperatur in der Pfanne braten. Anschließend wenden und auf der anderen Seite weitere 3 Minuten ausbacken. Dann aus der Pfanne nehmen und aus den übrigen Zutaten einen weiteren Pfannkuchen zubereiten.

Die Petersilie abbrausen, trockentupfen und die Blätter abzupfen. Die Pfannkuchen auf zwei Tellern anrichten und mit der Petersilie garnieren.

Tipp
Für den Pfannkuchenteig vom Sauerteigansatz etwa 300 g abnehmen. 2–3 EL im Glas belassen, um den Ansatz weiterzuführen. Ist das nicht gewollt, kann der Ansatz komplett aufgebraucht werden. Ein lange geführter Sauerteigansatz ist säuerlicher und geschmacklich intensiver als ein »junger« Sauerteigansatz.

KLIMABILANZ 134 g CO$_2$äq pro Portion, 70 % besser als vergleichbare Gerichte
NÄHRWERT 294 kcal pro Portion

SCHNELLE SAUERTEIG-PFANNKUCHEN MIT SPINAT UND KRÄUTERN

Bärlauch findet man nur bis Mai. Im Sommer und Herbst können andere (Wild-)Kräuter der Saison verwendet werden.

 2 Portionen   20 Minuten   mittel   Frühjahr, Sommer & Herbst

2 Portionen vorbereiteten Sauerteigansatz (siehe Seite 164), ca. 300 g

1 kräftige Prise Salz

60 g frischer Blattspinat

30 g frischer Bärlauch oder andere Kräuter der Saison

2 Lauchzwiebeln

2 TL Olivenöl

½ Bund frische glatte Petersilie für die Garnitur

Den Sauerteigansatz mit dem Salz würzen. Den Spinat und den Bärlauch waschen, trockentupfen und fein hacken. Die Lauchzwiebeln putzen, waschen und in dünne Ringe schneiden.

Eine kleine beschichtete Pfanne bei mittlerer Temperatur erhitzen. 1 TL Olivenöl hineingeben. Etwa die Hälfte des Gemüses in der Pfanne verteilen und die Hälfte des Teiges darübergeben. Die Pfanne schwenken, bis der Teig den Boden der Pfanne gleichmäßig bedeckt. Den Pfannkuchen 3 Minuten bei mittlerer Temperatur braten. Anschließend wenden und auf der anderen Seite weitere 3 Minuten ausbacken. Dann aus der Pfanne nehmen und aus den übrigen Zutaten einen weiteren Pfannkuchen zubereiten.

Die Petersilie abbrausen, trockentupfen und die Blätter abzupfen. Die Pfannkuchen auf zwei Tellern anrichten und mit der Petersilie garnieren.

Schnelle Sauerteig-Pfannkuchen
mit Spinat und Kräutern (siehe Seite 74)

Schnelle Sauerteig-Pfannkuchen
mit Pilzen (siehe Seite 73)

KLIMABILANZ 366 g CO$_2$äq pro Portion, 68 % besser als vergleichbare Gerichte
NÄHRWERT 509 kcal pro Portion

WARMER SALAT MIT HIRSE UND BLUMENKOHL

Der Salat lässt sich gut vorbereiten, verpacken und unterwegs oder am Arbeitsplatz genießen.

 2 Portionen   30 Minuten + Garzeit: 30 Minuten   einfach    Sommer & Herbst

4 EL Olivenöl
1 EL gemahlener
  Kreuzkümmel
1 kleiner Blumenkohl
Salz
frisch gemahlener
  schwarzer Pfeffer
100 g Hirse
½ Bund frische glatte
  Petersilie
2 Bund Rucola
25 g Sonnenblumenkerne
  für die Garnitur
2–3 EL Zitronensaft

Den Backofen auf 220 °C Ober-/Unterhitze vorheizen. Ein Backblech mit Backpapier auslegen. In einer großen Schüssel das Olivenöl mit dem Kreuzkümmel vermengen. Den Blumenkohl putzen, waschen, in kleine Röschen teilen und zur Oliven-Kreuzkümmel-Mischung geben. Mit Salz und Pfeffer würzen und die Zutaten gründlich miteinander vermengen. Den marinierten Blumenkohl auf dem Backblech verteilen und im vorgeheizten Backofen auf dem mittleren Einschub etwa 25 Minuten backen, bis er weich und leicht gebräunt ist. Nach der Hälfte der Backzeit die Blumenkohlröschen wenden, damit sie gleichmäßig garen.

In der Zwischenzeit die Hirse nach Packungsangabe zubereiten. Anschließend etwas abkühlen lassen. Die Petersilie abbrausen, trockentupfen, die Blätter abzupfen und fein hacken. Den Rucola waschen, trockentupfen, verlesen und grob zerkleinern. Die Sonnenblumenkerne in einer Pfanne ohne Fett rösten.

Den Blumenkohl mit der Hirse, dem Zitronensaft, der Petersilie und dem Rucola in einer großen Schüssel vermengen. Den Salat mit Salz und Pfeffer abschmecken.

Zum Servieren auf Tellern anrichten, mit Sonnenblumenkernen bestreuen und lauwarm servieren.

KLIMABILANZ 298 g CO$_2$äq pro Portion, 74 % besser als vergleichbare Gerichte
NÄHRWERT 656 kcal pro Portion

ZITRONIGER SPARGEL MIT FÄCHERKARTOFFELN

Die Fächerkartoffeln sind eine leckere Beilage zu den verschiedensten Gerichten.
Sie passen zum Beispiel sehr gut zu den Gemüseschnitzeln auf der nachfolgenden Seite.

2 Portionen · 40 Minuten + Garzeit: 45 Minuten · mittel · Frühjahr & Sommer

Für die Fächerkartoffeln
4 mittelgroße festkochende
  Kartoffeln
6 EL Olivenöl
Salz

Für die abgeschmelzten Semmelbrösel
100 g Pflanzenmargarine
40 g feine Semmelbrösel
  oder 1 Scheibe Baguette
1 TL fein abgeriebene
  Schale einer unbe-
  handelten Zitrone
Salz
frisch gemahlener
  schwarzer Pfeffer

Für den Spargel
6 – 8 Stangen grüner
  Spargel
Salz
Zucker
etwas Zitronensaft
  (optional)

Für die Fächerkartoffeln den Backofen auf 180 °C Umluft vorheizen. Ein Backblech mit Backpapier auslegen. Die Kartoffeln waschen, schälen und quer dünn einschneiden, ohne sie komplett durchzuschneiden. Die Kartoffeln mit der eingeschnittenen Seite nach oben auf das Backblech setzen und vorsichtig etwas auffächern. Das Öl großzügig auf den Kartoffeln und in den Schnittstellen verteilen und mit Salz würzen. Die Kartoffeln anschließend im vorgeheizten Backofen auf dem mittleren Einschub etwa 40 Minuten backen, bis sie gar und goldbraun sind. Währenddessen zwei- bis dreimal das Blech herausnehmen, das Olivenöl vom Backpapier über die Kartoffeln träufeln und mit einem Pinsel verteilen.

In der Zwischenzeit für die abgeschmelzten Semmelbrösel die Margarine in einem Topf schmelzen. Die Semmelbrösel hinzufügen und unter ständigem Rühren (mit einem Schneebesen) bräunen. Wenn die Masse aufschäumt, kurz vom Herd nehmen und rühren, bis sich der Schaum setzt. Mit dem Zitronenabrieb, etwas Salz und Pfeffer würzen.

Etwa 15 Minuten bevor die Kartoffeln fertig gebacken sind, den Spargel waschen und gegebenenfalls die holzigen Enden abschneiden und im unteren Drittel schälen. Den Spargel in etwas mit ½ TL Salz, 1 Prise Zucker und etwas Zitronensaft gewürztem, kochendem Wasser 3 – 4 Minuten garen. Anschließend abgießen.

Den Spargel mit den Fächerkartoffeln und den Semmelbröseln auf Tellern anrichten und heiß servieren.

RESTEKÜCHE Für die Semmelbrösel altbackenes Brot verwerten.
KLIMABILANZ 40 g CO$_2$äq pro Portion (2 Schnitzel), 63 % besser als vergleichbare Gerichte
NÄHRWERT 695 kcal pro Portion (2 Schnitzel)

GEMÜSESCHNITZEL AUS STECKRÜBE MIT CHUTNEY

Gemüseschnitzel lassen sich auch aus verschiedenen anderen Gemüsesorten zaubern, etwa aus Kohlrabi, Knollensellerie oder Roter Bete.

 2 Portionen   20 Minuten + Garzeit: 20 Minuten   mittel   Winter

½ Steckrübe
Salz
3 Stängel frische glatte
   Petersilie
2 EL Walnusskerne
3 EL Semmelbrösel
2 EL Hefeflocken
175 ml Haferdrink
   (siehe Seite 151)
25 g Weizenmehl Type 405
6 EL Olivenöl
Chutney (siehe Seite 146)

Die Steckrübe putzen, schälen und in etwa 1,5 cm dicke Scheiben schneiden. In einem Topf etwa 5 cm hoch Wasser einfüllen und aufkochen. Das kochende Wasser leicht salzen und die Steckrübenscheiben darin in 10 Minuten bissfest garen. Anschließend aus dem Wasser heben und abtropfen lassen. Die Petersilie abbrausen, trockentupfen und fein hacken.

Für die Panade die Walnusskerne klein hacken und mit der Petersilie, den Semmelbröseln und den Hefeflocken in einer flachen Schale oder einem tiefen Teller vermengen. In einem weiteren tiefen Teller den Haferdrink mit dem Mehl zu einem glatten, flüssigen Teig verrühren. Die Steckrübenscheiben zuerst im Teig wenden und anschließend mit den Nussbröseln rundherum panieren.

In einer breiten Pfanne das Öl erhitzen. Die panierten Steckrübenscheiben darin bei mittlerer Temperatur nacheinander von beiden Seiten etwa 1–2 Minuten goldbraun ausbacken. Die fertigen Steckrübenschnitzel auf Küchenpapier abtropfen lassen.

Zum Servieren die Steckrübenschnitzel mit Chutney und nach Belieben mit Salat auf zwei Tellern anrichten.

KLIMABILANZ 288 g CO_2äq pro Portion mit Räuchertofu, 64 % besser als vergleichbare Gerichte

228 g CO_2äq pro Portion ohne Räuchertofu, 67 % besser als vergleichbare Gerichte

NÄHRWERT 365 kcal pro Portion mit Räuchertofu

315 kcal pro Portion ohne Räuchertofu

LINSENEINTOPF

Für alle, die keinen Räuchertofu verwenden möchten, gibt es folgende Alternative:
100 g Knollensellerie schälen, in kleine Würfel schneiden und in einer geölten Pfanne
scharf anbraten, bis er knusprig ist. Der angebratene Knollensellerie gibt dem Gericht
ebenfalls eine herzhafte, rauchige Note.

 2 Portionen   20 Minuten + Garzeit: 40 Minuten   einfach   [11] Herbst & Winter

2–3 vorwiegend fest-
kochende Kartoffeln

2 Karotten

1 Stange Staudensellerie

1 Zwiebel

1 EL Rapsöl

250 g Berglinsen

Salz

½ Handvoll frische glatte
Petersilie

½ Handvoll frische
Liebstöckelblätter

1–2 EL Apfelessig
(siehe Seite 156)

1 TL Zucker

100 g Räuchertofu,
gewürfelt (optional)

Die Kartoffeln und die Karotten waschen und schälen. Den Sellerie waschen
und die Fäden abziehen. Die Zwiebel abziehen. Alles in kleine Würfel schneiden.
Die Gemüsewürfel in einer Pfanne im heißen Rapsöl 2–3 Minuten anbraten.
Dann die Linsen, etwa 800 ml Wasser und ½ TL Salz hinzufügen. Den Pfanneninhalt aufkochen und bei niedriger Temperatur abgedeckt etwa 25 Minuten
köcheln lassen.

Die Petersilie und den Liebstöckel abbrausen, trockentupfen und fein hacken.
Die Kräuter zum Eintopf geben und diesen etwa 10 Minuten auf der ausge-
schalteten Herdplatte ziehen lassen. Danach mit dem Apfelessig, dem Zucker
und Salz abschmecken.

Zum Anrichten den Eintopf auf zwei tiefe Teller verteilen. Für ein würziges,
rauchiges Aroma den Räuchertofu hinzugeben.

KLIMABILANZ   348 g CO$_2$äq pro Portion, 65 % besser als vergleichbare Gerichte
NÄHRWERT   600 kcal pro Portion

ROTKOHLROULADEN MIT BACKKAROTTEN UND PETERSILIENKARTOFFELN

Dies ist ein klimafreundliches Weihnachtsrezept.

 2 Portionen   1 Stunde + Garzeit: etwa 1 Stunde   komplex   Winter

Für die Rouladen

4 äußere, große Blätter
   eines Rotkohls
70 g Hirse
½ Brötchen (z.B. Burger-
   Buns, siehe Seite 170)
   oder 1 Scheibe Baguette
   (siehe Seite 162), vom
   Vortag
½ Zwiebel
50 g Räuchertofu
   (optional)
1 TL Olivenöl
50 g Walnusskerne
½ EL Tomatenmark
½ EL mittelscharfer Senf
½ TL rosenscharfes oder
   edelsüßes Paprikapulver
½ TL getrockneter Majoran
Salz

Für die Rouladen in einem mittelgroßen Topf reichlich Wasser aufkochen. Die Rotkohlblätter waschen und 5 Minuten darin garen. Anschließend abgießen, kalt abschrecken und abtropfen lassen.

Für die Füllung die Hirse nach Packungsangabe zubereiten. Das Brötchen bzw. die Baguettescheibe in warmem Wasser einweichen. Die Zwiebel abziehen. Diese und (bei Verwendung) den Tofu in kleine Würfel schneiden. Den Tofu und die Zwiebel in einer Pfanne im heißen Olivenöl goldbraun anbraten. Die Walnusskerne grob hacken. Das eingeweichte Brötchen oder Baguette etwas ausdrücken und mit den übrigen vorbereiteten Zutaten, dem Tomatenmark, dem Senf, dem Paprikapulver und dem Majoran in einer Schüssel vermengen. Die Füllung mit Salz abschmecken.

Zum Füllen ein Kohlblatt auf einer Arbeitsfläche auslegen und mittig 1 gehäuften EL der Hirsefüllung daraufgeben. Die Kohlblätter seitlich über die Füllung klappen und von unten nach oben zu einer Roulade aufrollen. Mit Küchengarn zusammenbinden.

Für die Sauce die Zwiebel und den Knoblauch abziehen und grob zerteilen. In einem ausreichend großen Bräter mit Deckel das Olivenöl erhitzen und die Rouladen von beiden Seiten darin anbraten. Dann den Rotwein angießen. Die Zwiebeln, den Knoblauch, den Orangensaft, die Sojasauce und den Lorbeer zu den Rouladen geben. Den Deckel auflegen und die Rouladen etwa 30 – 35 Minuten bei mittlerer Temperatur schmoren lassen.

Für die Sauce

½ Zwiebel
1 Knoblauchzehe
2 EL Olivenöl
100 ml trockener Rotwein
40 ml Orangensaft
1 EL Sojasauce oder
 Lupinenwürzsauce
1 getrocknetes Lorbeerblatt
70 ml Hafersahne
 (siehe Seite 153)
frisch gemahlener
 schwarzer Pfeffer

Für die Backkarotten

6 (bunte) Karotten
1 EL Olivenöl
½ EL Zucker oder Honig
½ EL getrocknete oder
 frische Rosmarinnadeln

Für die Petersilien-
 kartoffeln

4 mittelgroße Kartoffeln
½ Bund frische glatte
 Petersilie
1 TL Pflanzenmargarine
grobes Salz

Außerdem

Küchengarn

Für die Backkarotten den Backofen auf 180 °C Umluft vorheizen. Für die Petersilienkartoffeln die Kartoffeln waschen, schälen und in wenig, leicht gesalzenem Wasser 20 Minuten garen.

Für die Backkarotten das Grün der Karotten bis auf etwa 3 cm vor dem Strunk abschneiden. (Das abgeschnittene Grün lässt sich zu einem leckeren Pesto verarbeiten, siehe Tipp Seite 142.) Die Karotten putzen und waschen. In einer Auflaufform oder einem tiefen Ofenblech mit dem Olivenöl, dem Zucker und dem Rosmarin vermengen. Die Karotten dann im vorgeheizten Backofen etwa 30 Minuten backen, bis sie goldbraun sind.

Für die Petersilienkartoffeln die Petersilie abbrausen, trockentupfen, die Blätter abzupfen und hacken. Die Kartoffeln abgießen, zurück in den Topf geben und ausdampfen lassen. Die Pflanzenmargarine zu den heißen Kartoffeln geben und schmelzen lassen. Mit etwas grobem Salz und der Petersilie bestreuen.

Die Rouladen aus dem Bräter nehmen und das Garn entfernen. Den Sud aufkochen und einige Minuten einkochen lassen. Den Lorbeer entfernen und die Hafersahne hinzufügen. Das Ganze nochmals aufkochen. Vor dem Servieren mit Pfeffer und Salz abschmecken.

Die Rouladen im Bräter, die Backkarotten auf dem Blech bzw. in der Auflaufform und die Kartoffeln im Topf auf den Tisch stellen.

Tipp

Man kann sich das Vorheizen sparen, dann verlängert sich die Backzeit etwas und man muss den Garpunkt individuell abpassen. Durch das Weglassen des Vorheizens wird Energie gespart.

Lupinenwürzsauce ist die heimische Alternative für Sojasauce. Sie ist eine natürlich fermentierte Würzsauce aus Lupinen. Sie ist in gut sortierten Bioläden und Supermärkten erhältlich.

SÜSSES

SÜSS & LEICHT, WARM & KALT

KLIMABILANZ 151 g CO$_2$äq pro Portion, 81 % besser als vergleichbare Desserts
NÄHRWERT 469 kcal pro Portion

HAFERPORRIDGE

In ein Schraubglas gefüllt ist das Porridge ein praktisches Frühstück oder Dessert für unterwegs.

---

2 Portionen   5 Minuten + Garzeit: 5 Minuten

einfach   ganzjährig, Kompott oder Obst der Saison verwenden

150 g kernige Haferflocken
300 ml Haferdrink
  (siehe Seite 151)
1 TL Zucker
  (alternativ: Honig)
½ TL gemahlener Zimt
2 EL Nusskerne nach Wahl
  (z.B. Walnuss- oder
  Haselnusskerne)
1 EL Sonnenblumenkerne
1 EL Kürbiskerne
Kompott (siehe Seite 94 ff.)
  oder Obst der Saison
  als Beilage

Die Haferflocken mit dem Haferdrink, dem Zucker (oder Honig) und dem Zimt in einem Topf aufkochen. Unter Rühren etwa 5 Minuten bei mittlerer Temperatur köcheln lassen, bis die Haferflocken weich werden. Danach etwas abkühlen lassen.

Das Haferporridge auf zwei Schalen verteilen und mit den Nüssen und Kernen bestreuen. Mit Kompott oder frischem Obst nach Wahl servieren.

Honig ist bekanntermaßen nicht vegan, er ist jedoch hinsichtlich der Klimabilanz eine bessere Alternative zu industriellem Zucker als Agavendicksaft. Es sollte auf Bio-Qualität geachtet werden, da die Imker strengere Auflagen hinsichtlich der Haltungsbedingungen der Bienen einhalten müssen. Noch besser ist es, wenn der Honig von Imkern aus der Region stammt. Auf Wochenmärkten wird man meist fündig.

Buchweizenporridge
(siehe Seite 89)

Haferporridge
(siehe Seite 86)

Hirseporridge
(siehe Seite 88)

KLIMABILANZ 124 g CO$_2$äq pro Portion, 83 % besser als vergleichbare Desserts
NÄHRWERT 461 kcal pro Portion

HIRSEPORRIDGE

Hirse wird hierzulande häufig etwas stiefkindlich behandelt. Sie steckt allerdings voller Spurenelemente, Nährstoffe und Antioxidantien. Anders als beispielsweise Quinoa muss Hirse nicht von weit weg hierhertransportiert werden und ist damit eine deutlich klimafreundlichere Alternative.

2 Portionen   5 Minuten + Garzeit: 15 Minuten

einfach   ganzjährig, Kompott oder Obst der Saison verwenden

150 g Hirse
300 ml Haferdrink
  (siehe Seite 151)
1 TL Zucker
  (alternativ: Honig)
½ TL gemahlener Zimt
½ TL gemahlene Kurkuma
2 EL Nusskerne nach Wahl
  (z. B. Walnuss- oder
  Haselnusskerne)
1 EL Sonnenblumenkerne
1 EL Kürbiskerne
Kompott (siehe Seite 94 ff.)
  oder Obst der Saison
  als Beilage

Die Hirse in einem Sieb abspülen. Den Haferdrink mit dem Zucker (oder Honig) und dem Zimt in einem Topf aufkochen. Die Hirse hinzufügen und unter Rühren etwa 15 Minuten bei mittlerer Temperatur köcheln lassen. Anschließend die Kurkuma unterrühren und das Porridge etwas abkühlen lassen.

Das Hirseporridge auf zwei Schalen verteilen und mit den Nüssen und Kernen bestreuen. Mit Kompott oder frischem Obst nach Wahl servieren.

Viele **Nüsse**, die wir hierzulande kaufen können, kommen in der Regel leider aus der Türkei oder China. Im Herbst sind beispielsweise Wal- oder Haselnüsse aber auch bei uns zu finden. Sammeln lohnt sich!

KLIMABILANZ 115 g CO_2äq pro Portion, 79 % besser als vergleichbare Desserts
NÄHRWERT 316 kcal pro Portion

BUCHWEIZENPORRIDGE

Buchweizen zählt zu den sogenannten Pseudogetreiden, ist also nur scheinbar ein Getreide.
Er enthält wie Hirse kein Gluten. Früher war Buchweizen bei uns weitverbreitet, wurde dann aber
durch den Kartoffelanbau von den Äckern verdrängt. Sein großes Öko-Plus: Buchweizen hat eine
lange Blütezeit, was die Bienen freut.

---

2 Portionen · 5 Minuten + Einweichzeit: 12 Stunden + Garzeit: 5 Minuten

einfach · ganzjährig, Kompott oder Obst der Saison verwenden

150 g Buchweizen
300 ml Haferdrink
(siehe Seite 151) oder
ein anderer Pflanzen-
drink nach Wahl
1 TL Zucker
(alternativ: Honig)
½ TL gemahlener Zimt
2 EL Nusskerne nach Wahl
(z.B. Walnuss- oder
Haselnusskerne)
1 EL Sonnenblumenkerne
1 EL Kürbiskerne
Kompott (siehe Seite 94 ff.)
oder Obst der Saison
als Beilage

Den Buchweizen in einem Sieb abspülen und über Nacht in Wasser
einweichen.

Am nächsten Tag den Buchweizen abgießen und mit dem Haferdrink,
dem Zucker (oder Honig) und dem Zimt in einem Topf aufkochen.
Den Topfinhalt 5 Minuten bei mittlerer Temperatur köcheln lassen.
Danach etwas abkühlen lassen.

Das Buchweizenporridge auf zwei Schalen verteilen und mit den Nüssen
und Kernen bestreuen. Mit Kompott oder frischem Obst nach Wahl servieren.

KLIMABILANZ 116 g CO$_2$äq pro Portion, 76 % besser als vergleichbare Desserts
NÄHRWERT 315 kcal pro Portion

SÜSSE CRÊPES MIT ERDBEEREN

Verwende andere Früchte oder greife auf Kompott (siehe Seite 94 ff.) aus dem Vorrat zurück, wenn die Erdbeersaison vorüber ist. So kannst du das ganze Jahr über klimafreundlich Crêpes genießen.

2 Portionen (4–6 Crêpes) 15 Minuten + Garzeit: 10 Minuten einfach Sommer

Crêpeteig für 2–3 Portio-
nen (siehe Seite 174)
100 ml Vanillepudding
(siehe Seite 110)
Pflanzenmargarine zum
Braten
200 g frische Erdbeeren
20 ml Hafersahne
(siehe Seite 153)

Den Crêpeteig nach Rezept herstellen. Den Pudding nach Rezept zubereiten. Für den Pudding wird etwa die Hälfte der im Rezept auf Seite 110 angegebenen Menge benötigt.

Für die Crêpes 1 TL Margarine in einer Pfanne erhitzen. Etwas Crêpeteig mit einer Kelle in die Pfanne geben, die Pfanne schwenken, bis der Boden gleichmäßig dünn bedeckt ist. Etwa 1 Minute braten, bis die Ränder goldbraun geworden sind. Den Crêpe wenden und auf der anderen Seite 1 weitere Minute goldbraun ausbacken. Dann aus der Pfanne nehmen und aus dem übrigen Teig weitere Crêpes backen.

Die Erdbeeren waschen, die Blütenansätze entfernen und die Erdbeeren halbieren. Einige Erdbeeren zum Garnieren beiseitelegen.

Zum Anrichten die Crêpes auf zwei Teller geben, den Pudding und die Erdbeeren auf je einer Hälfte verteilen und die andere Hälfte darüberklappen. Mit Sahne und Erdbeeren garnieren.

KLIMABILANZ 168 g CO$_2$äq pro Portion, 82 % besser als vergleichbare Desserts
NÄHRWERT 662 kcal pro Portion

SÜSSE BUCHWEIZEN-PANCAKES MIT KOMPOTT

Klassischerweise werden Pancakes mit viel Ahornsirup gegessen, der allerdings meist lange Transportwege zurücklegt, bis er bei uns auf dem Teller landet. Eine heimische Alternative ist Apfeldicksaft.

2 Portionen (6–8 kleine dicke Pfannkuchen)

5 Minuten + Garzeit: 8 Minuten

 einfach

ganzjährig, Kompott oder Obst der Saison verwenden

Pancaketeig für 2 Portionen Buchweizenpancakes
(siehe Seite 175)
Pflanzenmargarine zum Braten
100 g Kompott nach Wahl
(siehe Seite 94 ff.) oder Früchte der Saison

Den Pancaketeig nach Rezept herstellen.

In einer Pfanne etwas Margarine erhitzen. Pro Pancake 2 EL Teig in die Pfanne geben und etwa 2 Minuten braten, bis die untere Seite goldbraun ist. Die Pancakes wenden und weitere 2 Minuten backen. Dann aus der Pfanne nehmen und aus dem übrigen Teig auf die gleiche Weise weitere Pancakes backen.

Die Pancakes mit einem Kompott der Wahl oder mit Früchten der Saison servieren.

KLIMABILANZ 31 g CO$_2$äq pro Portion, 78 % besser als vergleichbare Desserts
NÄHRWERT 80 kcal pro Portion

APFELKOMPOTT

Äpfel sind bei uns fast das ganze Jahr erhältlich. Allerdings werden sie nur von August bis
November geerntet. Danach werden sie eingelagert, was die Klimabilanz negativ beeinflusst.

---

 2 Portionen 10 Minuten + Garzeit: 15 Minuten einfach Herbst

2 säuerliche Äpfel
¼ TL gemahlener Zimt
20 g Rohrohrzucker
1 EL Zitronensaft

Die Äpfel waschen, schälen, entkernen und in mundgerechte Stücke
schneiden. Die Apfelstücke mit dem Zimt, dem Zucker, dem Zitronensaft und
250 ml Wasser in einem Topf aufkochen. Bei mittlerer Temperatur 10 Minuten
köcheln lassen, bis die Äpfel weich sind. Anschließend abkühlen lassen.

Das Kompott passt – warm oder kalt – hervorragend zu Porridge
(siehe Seite 86 ff.).

Tipp
Für den Vorrat gleich eine größere Menge Apfelkompott vorkochen.
In sterilisierte Einmachgläser füllen, einkochen und abkühlen lassen.
So hat man das ganze Jahr über Kompott.

Obst einkochen im Backofen
Den Backofen auf 170 °C Ober-/Unterhitze vorheizen. Den Boden einer
Fettpfanne bzw. eines tiefen Backblechs mit einem gefalteten Geschirrtuch
bedecken. Die Gläser mit etwa 5 cm Abstand hineinstellen. Anschließend
3 cm hoch Wasser einfüllen. Das Einkochgut auf den untersten Einschub
in den vorgeheizten Backofen schieben. Den Ofen ausstellen, sobald Bläschen
in den Gläsern aufsteigen. Das Kompott etwa 30 Minuten im ausgeschalte-
ten Ofen stehen lassen. Danach herausnehmen und auf einem Ofengitter
erkalten lassen.

KLIMABILANZ 48 g CO$_2$äq pro Portion, 66 % besser als vergleichbare Desserts
NÄHRWERT 63 kcal pro Portion

RHABARBERKOMPOTT

Die Saison von Rhabarber dauert nur von April bis Juni. Daher für den Vorrat gleich
eine größere Menge Rhabarberkompott vor- und einkochen (siehe Seite 94).

 2 Portionen    10 Minuten + Garzeit: 15 Minuten    einfach    Frühjahr bis Anfang Sommer

250 g Rhabarber
1 EL Zitronensaft
25 g Rohrohrzucker

Den Rhabarber waschen, mit einem Sparschäler schälen, in etwa 2–3 cm
breite Stücke schneiden und mit dem Zitronensaft beträufeln. Den Zucker
mit 50 ml Wasser in einen Topf geben und aufkochen. Die Rhabarberstücke
dazugeben und unter ständigem Rühren bei mittlerer Temperatur 10 Minuten
köcheln lassen, bis der Rhabarber weich ist. Anschließend einige Minuten
bei geschlossenem Deckel ziehen lassen.

Das Kompott passt – warm oder kalt – hervorragend zu Porridge
(siehe Seite 86 ff.).

KLIMABILANZ 52 g CO$_2$äq pro Portion, 67 % besser als vergleichbare Desserts
NÄHRWERT 96 kcal pro Portion

PFLAUMENKOMPOTT

Zwetschgen haben von Juni bis Oktober Saison.

 2 Portionen   10 Minuten + Garzeit: 15 Minuten   einfach   Sommer

250 g Pflaumen oder
   Zwetschgen
20 g Rohrohrzucker
¼ TL gemahlener Zimt

Die Pflaumen oder Zwetschgen waschen und entsteinen. Den Zucker mit 90 ml Wasser in einem Topf aufkochen. Die Früchte und den Zimt dazugeben und bei niedriger Temperatur in etwa 10 Minuten weich kochen. Anschließend abkühlen lassen.

Das Kompott passt – warm oder kalt – hervorragend zu Porridge (siehe Seite 86 ff.).

KLIMABILANZ 91 g CO$_2$äq pro Portion, 56 % besser als vergleichbare Desserts
NÄHRWERT 134 kcal pro Portion

KIRSCHKOMPOTT

Kirschen werden hierzulande von Juni bis August geerntet.

 2 Portionen   10 Minuten + Garzeit: 15 Minuten   einfach   Sommer

250 g Kirschen
25 g Rohrohrzucker
¼ TL gemahlener
   Zimt
½ EL Zitronensaft

Die Kirschen waschen, entstielen und entsteinen. Den Zucker mit 100 ml Wasser in einem Topf aufkochen. Die Kirschen, den Zimt und den Zitronensaft dazugeben und bei mittlerer Temperatur etwa 10 Minuten köcheln lassen. Anschließend abkühlen lassen.

Das Kompott passt – warm oder kalt – hervorragend zu Porridge (siehe Seite 86 ff.).

Tipp
Für den Vorrat gleich eine größere Menge Pflaumen- bzw. Kirschkompott vor- und einkochen (siehe Seite 94).

KLIMABILANZ 65 g CO$_2$äq pro Stück, 81 % besser als vergleichbare Desserts
NÄHRWERT 246 kcal pro Stück

ZIMTSCHNECKEN

Zum Verfeinern können noch 1−2 Handvoll Apfelwürfel oder Beeren vor dem Aufrollen
auf dem Teig verteilt werden.

(icon) Für 6 Stück   (icon) 1 Stunde + Gehzeit: 1 Stunde 10 Minuten + Backzeit: 10 Minuten

(icon) mittel   (icon) ganzjährig

20 g frische Hefe
  (½ Würfel)
80 g Rohrohrzucker
250 g Dinkelmehl Type 630
  + mehr zum Bearbeiten
Salz
½ EL Sonnenblumenöl
30 g Pflanzenmargarine
1 TL gemahlener Zimt

Die Hefe mit 1 TL Rohrohrzucker und 125 ml lauwarmem Wasser verrühren.
Diese Mischung 10 Minuten an einem warmen Ort gehen lassen.

Anschließend das Mehl in eine Schüssel sieben. Die Hefe-Wasser-Mischung,
40 g Rohrohrzucker, 1 Prise Salz und das Sonnenblumenöl hinzufügen. Alle
Zutaten zu einem glatten Teig verkneten. Diesen abgedeckt 45−60 Minuten
gehen lassen, bis er etwa das doppelte Volumen erreicht hat.

Den Backofen auf 200 °C Umluft vorheizen. Ein Backblech mit Backpapier
auslegen. Die Margarine in einem Topf schmelzen, den Zimt und den übrigen
Rohrohrzucker hinzufügen. Den Teig auf der bemehlten Arbeitsfläche dünn
ausrollen, mit der Zimt-Zucker-Mischung bestreichen und aufrollen. Die Rolle
quer in 2 cm dicke Scheiben schneiden. Die Schnecken mit etwas Abstand
zueinander auf dem Backblech verteilen und im vorgeheizten Backofen auf
dem mittleren Einschub etwa 10 Minuten backen.

Anschließend aus dem Ofen nehmen und lauwarm oder abgekühlt servieren.

HIMBEER-MUFFINS

Diese fruchtigen Muffins lassen sich mit allerlei Beeren oder Früchten zubereiten. Sehr wasserhaltige Früchte wie Erdbeeren sind allerdings nicht zu empfehlen, da sie beim Backen zu viel Wasser abgeben.

 Für 6 Muffins   Ⓛ 20 Minuten + Backzeit: 20 Minuten   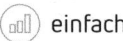 einfach    Sommer

10 g Pflanzenmargarine
Muffinteig für 6 Muffins
  (siehe Seite 176)
100 g frische Himbeeren

Die Mulden der Muffinform mit der Pflanzenmargarine einfetten und den Backofen auf 175 °C Ober-/Unterhitze vorheizen.

Den Muffinteig nach Rezept herstellen. Die Himbeeren abbrausen, trockentupfen, verlesen und unter den Teig heben. Den Teig gleichmäßig in den Mulden verteilen. Im vorgeheizten Backofen auf dem mittleren Einschub 15 – 20 Minuten backen. Vor dem Herausnehmen mit einem Holzstäbchen in einen Muffin stechen. Bleibt kein Teig am Holzstäbchen kleben, sind die Muffins fertig. Ansonsten noch etwas länger backen.

Anschließend aus dem Ofen nehmen und abkühlen lassen. Nach Belieben verzieren.

KLIMABILANZ 58 g CO$_2$äq pro Muffin, 75 % besser als vergleichbare Desserts
NÄHRWERT 171 kcal pro Muffin

APFEL-ZIMT-MUFFINS

Nicht jeder Apfel eignet sich gleich gut, um damit zu backen. Sorten, die sich als Backäpfel bewähren, sind u.a. Boskoop, Jonagold und Elstar.

Für 6 Muffins · 20 Minuten + Backzeit: 20 Minuten · einfach · Herbst

10 g Pflanzenmargarine
Muffinteig für 6 Muffins
  (siehe Seite 176)
1 mittelgroßer Apfel
1 TL gemahlener Zimt

Die Mulden der Muffinform mit der Pflanzenmargarine einfetten und den Backofen auf 175 °C Ober-/Unterhitze vorheizen.

Den Muffinteig nach Rezept herstellen. Den Apfel waschen, schälen, entkernen, in kleine Würfel schneiden und zusammen mit dem Zimt unter den Teig heben. Den Teig gleichmäßig in den Mulden verteilen. Im vorgeheizten Backofen auf dem mittleren Einschub 15 – 20 Minuten backen. Vor dem Herausnehmen mit einem Holzstäbchen in einen Muffin stechen. Bleibt kein Teig am Holzstäbchen kleben, sind die Muffins fertig. Ansonsten noch etwas länger backen.

Anschließend aus dem Ofen nehmen und abkühlen lassen. Nach Belieben verzieren.

KLIMABILANZ 76 g CO$_2$äq pro Muffin, 75 % besser als vergleichbare Desserts
NÄHRWERT 214 kcal pro Muffin

HASELNUSS-MUFFINS

In den letzten Jahren ist es zum Trend geworden, mit Mandeln bzw. Mandelmehl zu backen. Mandeln kommen aber zumeist aus warmen Regionen. Haselnüsse sind auch aus heimischem Anbau erhältlich.

 Für 6 Muffins  20 Minuten + Backzeit: 20 Minuten  einfach  Herbst

10 g Pflanzenmargarine
  zum Einfetten der Form
Muffinteig für 6 Muffins
  (siehe Seite 176)
50 g gemahlene Hasel-
  nusskerne
1–2 EL Pflanzendrink
  nach Bedarf

Die Mulden der Muffinform mit der Pflanzenmargarine einfetten und den Backofen auf 175 °C Ober-/Unterhitze vorheizen.

Den Muffinteig nach Rezept herstellen. Die gemahlenen Haselnusskerne gleichmäßig unterheben. Bei Bedarf noch etwas Pflanzendrink zugeben, falls der Teig zu trocken wirkt. Den Teig gleichmäßig in den Mulden verteilen. Im vorgeheizten Backofen auf dem mittleren Einschub 15–20 Minuten backen. Vor dem Herausnehmen mit einem Holzstäbchen in einen Muffin stechen. Bleibt kein Teig am Holzstäbchen kleben, sind die Muffins fertig. Ansonsten noch etwas länger backen.

Anschließend aus dem Ofen nehmen und abkühlen lassen. Nach Belieben verzieren.

KLIMABILANZ 79 g CO_2äq pro Brownie, 69 % besser als vergleichbare Desserts
NÄHRWERT 152 kcal pro Brownie

ACKERBOHNEN-BROWNIES MIT WALNÜSSEN

Ackerbohnen sind auch als Dicke Bohnen, Saubohnen, Favabohnen oder Puffbohnen bekannt. Sie haben von Juni bis August bei uns Saison und sind in dieser Zeit frisch erhältlich.

Für 15 Brownies 30 Minuten + Einweichzeit: 12 Stunden + Garzeit: 1 Stunde 40 Minuten

komplex Sommer

800 g getrocknete, ungeschälte Acker- bohnenkerne
1 Prise Natron (optional)
4 EL Leinsamen
Pflanzenmargarine zum Einfetten der Form (optional)
1 Prise Salz
1 ½ TL Backpulver
75 g Kakaopulver
150 g Rohrohrzucker
3 EL Rapsöl
2 EL Haferdrink (siehe Seite 151)
1 Handvoll Walnusskerne

Die getrockneten Ackerbohnen in reichlich Wasser einweichen und 24 Stunden quellen lassen. Das Einweichwasser dabei zwei- bis dreimal wechseln. Am nächsten Tag in ein Sieb abgießen und abbrausen. Die Bohnen in einem Topf mit frischem Wasser bedecken und mit dem Natron aufkochen. Bei mittlerer Temperatur in etwa 20 Minuten weich kochen. Anschließend abgießen.

In der Zwischenzeit die Leinsamen mit 80 ml Wasser in einer Schüssel ver- mengen und 10 Minuten quellen lassen. Den Backofen auf 180 °C Umluft vorheizen. Eine Backform (20 x 25 cm) mit Backpapier auslegen oder mit Pflanzenmargarine einfetten.

Die Bohnen, die Leinsamen und die übrigen Zutaten bis auf die Walnuss- kerne in der Küchenmaschine zu einer homogenen Masse vermengen. Die Walnusskerne grob zerkleinern und unterheben. Den Teig gleichmäßig in der Backform verteilen. Im vorgeheizten Backofen auf dem mittleren Einschub etwa 40 Minuten backen.

Anschließend aus dem Ofen nehmen und in der Backform auskühlen lassen. In Stücke schneiden und servieren.

Tipp
Die Brownies am besten im Kühlschrank aufbewahren.

KLIMABILANZ 186 g CO$_2$äq pro Portion, 76 % besser als vergleichbare Desserts
NÄHRWERT   504 kcal pro Portion

SOMMER-CRUMBLE

Für eine Variante »Herbst-Crumble« bieten sich Zwetschgen oder Äpfel an.

2 Portionen   20 Minuten + Backzeit: 25 Minuten   mittel   Sommer

250 g Rhabarber
140 g frische Erdbeeren
2 EL Rohrohrzucker
2 EL Maisstärke
Pflanzenmargarine zum
   Einfetten der Form
40 g zarte Haferflocken
30 g Dinkelmehl Type 630
Salz
70 ml Rapsöl

Den Rhabarber mit einem Sparschäler schälen und schräg in 2 cm breite Stücke schneiden. Die Erdbeeren waschen, den Blütenansatz entfernen und die Früchte vierteln. Den Rhabarber und die Erdbeeren in eine Schüssel geben, die Hälfte des Zuckers und die Maisstärke unterheben und 10 Minuten ziehen lassen.

In der Zwischenzeit den Backofen auf 200 °C Ober-/Unterhitze vorheizen. Eine Auflaufform (20 x 25 cm) mit Pflanzenmargarine einfetten. Die Haferflocken in einer Küchenmaschine fein mahlen. Anschließend zusammen mit dem Dinkelmehl, 1 Prise Salz und dem Öl in eine Schüssel geben und zu Streuseln vermengen.

Die Rhabarber-Erdbeer-Mischung in der Auflaufform verteilen und die Streusel darüberstreuen. Den Crumble im vorgeheizten Backofen auf dem mittleren Einschub in etwa 25 Minuten goldbraun backen.

Anschließend aus dem Ofen nehmen und den Crumble warm oder kalt genießen.

KLIMABILANZ 70 g CO$_2$äq pro Stück, 64 % besser als vergleichbare Desserts
NÄHRWERT 130 kcal pro Stück

BEERENTORTE

Wenn die Beerensaison vorüber ist, einfach andere Früchte verwenden
oder auf eingemachte Früchte aus dem Vorrat zurückgreifen.

Für 1 Kuchen (8–12 Stücke) · 30 Minuten + Backzeit für den Tortenboden: 30 Minuten

mittel · Sommer

1 Tortenboden
  (siehe Seite 177)
Vanillepudding für
  2 Portionen (siehe
  Seite 110), ca. 250 ml
200 g frische Erdbeeren
200 g frische Himbeeren
200 g frische Brombeeren

Den Tortenboden nach Rezept herstellen und erkalten lassen.
Den Pudding nach Rezept zubereiten und lauwarm abkühlen lassen.

Die Beeren abbrausen, verlesen bzw. putzen und trockentupfen.
Die Erdbeeren halbieren und zusammen mit den Himbeeren und
Brombeeren auf dem Tortenboden verteilen. Den Pudding über
die Beeren gießen.

Die Torte abkühlen lassen und in Stücke geschnitten servieren.

KLIMABILANZ 116 g CO$_2$äq pro Portion, 75 % besser als vergleichbare Desserts
NÄHRWERT 305 kcal pro Portion

POLENTAPUDDING MIT HEISSEN HIMBEEREN

Himbeeren haben von Juni bis in den September hinein Saison. Außerhalb der Beerensaison kann der Pudding mit erwärmtem Kompott (siehe Seite 94 ff.) serviert werden.

2 Portionen   5 Minuten + Garzeit: 8 Minuten + Kühlzeit: 30 Minuten

einfach   Sommer & Herbst

350 ml Haferdrink
  (siehe Seite 151)
35 g Rohrohrzucker
½ EL Maisstärke
35 g Polenta
½ EL Erdnussmus
1 EL Kakaopulver
50 g frische Himbeeren

Den Haferdrink, 30 g Zucker und die Maisstärke verrühren und in einem Topf aufkochen. Dann bei mittlerer Temperatur die Polenta einrühren und die Masse 2–3 Minuten unter Rühren köcheln lassen. Anschließend das Erdnussmus unterrühren.

Zwei Schüsseln kalt ausspülen und mit etwa zwei Drittel der Polentamasse füllen. Den Rest der Masse mit dem Kakaopulver vermischen und auf dem hellen Pudding verteilen. Den Polentapudding abgedeckt 30 Minuten kalt stellen.

In der Zwischenzeit die Himbeeren verlesen, abbrausen und mit dem restlichen Zucker und 2 EL Wasser in einem Topf erhitzen, dabei die Himbeeren mit einer Gabel etwas zerdrücken.

Den Polentapudding auf kleine Teller stürzen und mit den heißen Himbeeren servieren.

KLIMABILANZ 82 g CO_2äq pro Portion, 70 % besser als vergleichbare Desserts
NÄHRWERT 180 kcal pro Portion

PANNACOTTA

Die Pannacotta kann für 4–5 Tage im Kühlschrank aufbewahrt werden.
Sie bietet sich daher an, um Gäste stressfrei zu empfangen.

👤 2 Portionen 🕐 5 Minuten + Garzeit: 5 Minuten + Kühlzeit: 1 Stunde

📊 einfach 📅 ganzjährig

500 ml Haferdrink
   (siehe Seite 151)
40 g Rohrohrzucker
2 g Agar-Agar
½ TL Zitronensaft

Den Haferdrink mit dem Zucker und dem Agar-Agar in einem Topf verrühren. Den Zitronensaft dazugeben und das Ganze aufkochen. Bei mittlerer Temperatur 2 Minuten unter ständigem Rühren köcheln lassen. Dann die Masse auf zwei Gläser verteilen und abkühlen lassen. Die Gläser anschließend 1 Stunde abgedeckt kalt stellen.

Die Pannacotta auf kleine Teller stürzen und mit Obst der Saison oder Kompott (siehe Seite 94 ff.) der Wahl servieren.

KLIMABILANZ 43 g CO_2äq pro Portion, 71 % besser als vergleichbare Desserts
NÄHRWERT   110 kcal pro Portion

VANILLEPUDDING

Puddingpulver kann auch auf Vorrat zubereitet werden. Dafür einfach die fünffache Menge
der trockenen Zutaten vermengen und in einem verschlossenen Gefäß aufbewahren.
Für 2 Portionen Pudding etwa 2 EL des Pulvers und 220 ml Pflanzendrink verwenden.

 2 Portionen   🕐 10 Minuten   einfach   📅 ganzjährig

220 ml Pflanzendrink,
   z.B. Hafer oder Dinkel
   (siehe Seite 148 ff.)
20 g Maisstärke
1 EL Zucker
1 TL Vanillezucker
Salz

3 EL Pflanzendrink mit der Maisstärke, dem Zucker, dem Vanillezucker und
1 Prise Salz verrühren. Den restlichen Pflanzendrink in einem Topf aufkochen,
vom Herd nehmen und die Stärke-Zucker-Mischung einrühren. Den Pudding bei
mittlerer Temperatur etwa 1 Minute unter Rühren köcheln lassen, anschließend
vom Herd nehmen.

Den Pudding in zwei Schalen füllen und vor dem Servieren abkühlen lassen.

KLIMABILANZ 45 g CO$_2$äq pro Portion, 73 % besser als vergleichbare Desserts
NÄHRWERT 120 kcal pro Portion

SCHOKOPUDDING

Manchmal enthalten Pflanzendrinks auf Getreidebasis ein Enzym (Amylase), das den Pudding nicht fest werden lässt. Dann kann man den Pudding als Sauce etwa zu den Buchweizenpancakes (siehe Seite 92) verwenden.

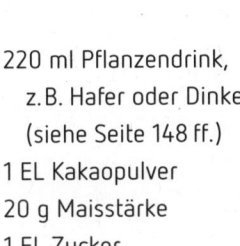 2 Portionen ⏲ 10 Minuten ▯▯▯ einfach 📅 ganzjährig

220 ml Pflanzendrink,
  z. B. Hafer oder Dinkel
  (siehe Seite 148 ff.)
1 EL Kakaopulver
20 g Maisstärke
1 EL Zucker
1 TL Vanillezucker
1 Prise Salz

3 EL Pflanzendrink mit dem Kakaopulver, der Maisstärke, dem Zucker, dem Vanillezucker und 1 Prise Salz verrühren. Den restlichen Pflanzendrink in einem Topf aufkochen, vom Herd nehmen und die Stärke-Zucker-Mischung einrühren. Den Pudding bei mittlerer Temperatur etwa 1 Minute unter Rühren köcheln lassen, anschließend vom Herd nehmen.

Den Pudding in zwei Schalen füllen und vor dem Servieren abkühlen lassen.

Tipp
Puddingpulver auf Vorrat zubereiten (siehe Seite 110).

SNACKS
SCHARF & LEICHT, WARM & KALT

KLIMABILANZ   55 g CO$_2$äq pro 40 Cracker, 84 % besser als vergleichbare Snacks
NÄHRWERT   229 kcal pro 40 Cracker

THYMIAN-HAFER-CRACKER

Hafermehl lässt sich aus Haferflocken selbst herstellen. Dafür die Haferflocken im Standmixer mixen. Den Mixaufsatz zwischendurch etwas schütteln, damit ganze Flocken aufgelockert werden und gemahlen werden können.

⊗ Für etwa 80 Cracker   ◔ 10 Minuten + Ruhezeit: 30 Minuten + Backzeit: 10 Minuten

⊗ mittel   ▦ Sommer

350 g Hafermehl
380 g Weizenmehl
    Type 550 + mehr
    zum Bearbeiten
1 TL Rohrohrzucker
½ EL Thymianblättchen
¼ TL Salz
frisch gemahlener
   schwarzer Pfeffer
250 g Pflanzenmargarine
1 TL Weißweinessig

Das Hafermehl mit dem Weizenmehl, dem Rohrzucker, dem Thymian, dem Salz und 1 Prise Pfeffer in einer Schüssel vermengen. Die Margarine dazugeben und verkneten. Den Essig hinzufügen und unterkneten. Den Teig in Folie gewickelt für 30 Minuten im Kühlschrank ruhen lassen.

In der Zwischenzeit den Backofen auf 170 °C Umluft vorheizen. Den Teig nach der Ruhezeit auf einer gut bemehlten Fläche etwa 4 mm dick ausrollen. Mit einem runden Ausstecher (4,5 cm Ø) Cracker ausstechen oder mit einem scharfen Messer, einem Nudelrad oder einem Pizzaroller sehr kleine Rauten oder Quadrate schneiden. Mit der Gabel ein paar kleine Vertiefungen eindrücken. Die Cracker im vorgeheizten Backofen auf dem mittleren Einschub 10 Minuten backen. Anschließend aus dem Ofen nehmen und erkalten lassen.

Die Cracker pur, mit selbst gemachten Aufstrichen, Dip oder Chutney genießen. Oder zu einem Salat oder zum Burger als Alternative zu Pommes frites reichen. Die Cracker zum Aufbewahren in einer gut schließenden Dose aufbewahren.

KLIMABILANZ 386 g CO$_2$äq für etwa 60 Cracker, 52 % besser als vergleichbare Snacks
NÄHRWERT 313 kcal für etwa 60 Cracker

LEINSAMENCRACKER FÜR DEN SOMMER

Die Cracker sind nicht nur pur ein leckerer Snack, sie passen auch zu selbst gemachten Aufstrichen, Dips oder Chutney, zu einem Salat oder als Alternative zu Pommes als Beilage zu Burgern.

Für etwa 60 Cracker | 15 Minuten + Einweichzeit: 12 Stunden + Backzeit: 20 Minuten

mittel | Sommer

4 Handvoll Leinsamen
1 Aubergine
1 Kartoffel
1 Karotte
1 Handvoll Spinat
1 TL Salz
1 EL getrocknete Kräuter

Die Leinsamen über Nacht in reichlich Wasser quellen lassen. Am nächsten Tag abgießen.

Den Backofen auf 170 °C Umluft vorheizen. Ein Backblech mit Backpapier auslegen. Das Gemüse waschen und putzen. Die Kartoffel und die Karotte schälen. Das Gemüse in grobe Stücke schneiden und anschließend in der Küchenmaschine zerkleinern. Das Salz dazugeben und die Masse glatt pürieren. Die eingeweichten Leinsamen und die Gemüsemasse in einer Schüssel vermengen. Die Masse auf das Backblech streichen und in Rechtecke oder Rauten teilen. Für runde Cracker die Masse mit einem Esslöffel auf das Backblech geben und etwas flach drücken. Die Kräuter auf die Teigmasse streuen und leicht andrücken.

Die Masse im vorgeheizten Backofen auf dem mittleren Einschub 20 Minuten backen. Sollten die Leinsamencracker zu dunkel werden, bevor sie durchgebacken sind, die Backofentemperatur um 20 °C reduzieren.

Anschließend aus dem Ofen nehmen und erkalten lassen.

Tipp
Die Cracker in einer trockenen Dose aufbewahren, damit sie mehrere Tage haltbar bleiben.

KLIMABILANZ 209 g CO_2äq für etwa 60 Cracker, 78 % besser als vergleichbare Snacks
NÄHRWERT 359 kcal für etwa 60 Cracker

LEINSAMENCRACKER FÜR DEN WINTER

Leinsamen sind als heimisches »Superfood« bekannt und stehen Chiasamen in nichts nach. Auch sie quellen beim Einlegen auf und ergeben z. B. zusammen mit Sojajoghurt einen leckeren Pudding.

Für etwa 60 Cracker

mittel

15 Minuten + Einweichzeit: 12 Stunden + Backzeit: 20 Minuten

Herbst & Winter

4 Handvoll Leinsamen
10 Grünkohlblätter
¼ Knolle Sellerie
1 Petersilienwurzel
3 Knollen Rote Bete
1 TL Salz
1 EL getrocknete Kräuter

Die Leinsamen über Nacht in reichlich Wasser quellen lassen. Am nächsten Tag abgießen.

Den Backofen auf 170 °C Umluft vorheizen. Ein Backblech mit Backpapier auslegen. Das Gemüse waschen und putzen. Die Grünkohlblätter von den dicken Blattstrünken zupfen. Den Sellerie, die Petersilienwurzel und die Rote Bete schälen. Das Gemüse in grobe Stücke schneiden und anschließend in der Küchenmaschine zerkleinern. Das Salz dazugeben und die Masse glatt pürieren. Die eingeweichten Leinsamen und die Gemüsemasse in einer Schüssel vermengen. Die Masse auf das Backblech streichen und in Rechtecke oder Rauten teilen. Für runde Cracker die Masse mit einem Esslöffel auf das Backblech geben und etwas flach drücken. Die Kräuter auf die Teigmasse streuen und leicht andrücken.

Die Masse im vorgeheizten Backofen auf dem mittleren Einschub 20 Minuten backen. Sollten die Leinsamencracker zu dunkel werden, bevor sie durchgebacken sind, die Backofentemperatur um 20 °C reduzieren.

Anschließend aus dem Ofen nehmen und erkalten lassen.

Tipps
Die Cracker sind nicht nur pur ein leckerer Snack, sie passen auch zu selbst gemachten Aufstrichen, Dips oder Chutney, zu einem Salat oder als Alternative zu Pommes als Beilage zu Burgern.

Die Cracker in einer trockenen Dose aufbewahren, damit sie mehrere Tage haltbar bleiben.

KLIMABILANZ 97 g CO_2äq pro Portion, 75 % besser als vergleichbare Snacks
NÄHRWERT 200 kcal pro Portion

WURZELGEMÜSECHIPS

Selbst gemachte Chips schmecken pur ebenso wie mit einem selbst gemachten Aufstrich,
Dip oder Chutney.

 2 Portionen   15 Minuten + Backzeit: 30 Minuten   einfach   Herbst & Winter

2 Karotten
2 Pastinaken
2 Knollen Rote Bete
3 EL Rapsöl
1 TL Salz

Den Backofen auf 170 °C Umluft vorheizen. Zwei Backbleche mit Backpapier auslegen. Das Gemüse waschen, schälen und mit einem Gemüsehobel oder einem Messer in hauchdünne Scheiben schneiden. Das Rapsöl mit dem Salz vermengen und die Gemüsescheiben darin wenden. Die Gemüsescheiben einzeln auf den Backblechen verteilen. Die Chips im vorgeheizten Backofen (zweiter Einschub von oben und unten) etwa 30 Minuten backen.

Anschließend aus dem Ofen nehmen und erkalten lassen. Nach dem Abkühlen sind die Chips schön knusprig.

KLIMABILANZ 50 g CO$_2$äq pro Portion, 84 % besser als vergleichbare Snacks
NÄHRWERT 180 kcal pro Portion

KARTOFFELCHIPS

Auch übrige Kartoffelschalen lassen sich zu Chips verarbeiten (siehe Tipp).

---

2 Portionen   15 Minuten + Backzeit: 20 Minuten   einfach   ganzjährig

5 kleine Kartoffeln
3 EL Rapsöl
1 TL Salz
1 TL edelsüßes
    Paprikapulver

Den Backofen auf 180 °C Umluft vorheizen. Zwei Backbleche mit Backpapier auslegen. Die Kartoffeln waschen, schälen und mit einem Gemüsehobel oder einem Messer in hauchdünne Scheiben schneiden. Das Rapsöl mit dem Salz und dem Paprikapulver vermengen und die Kartoffelscheiben darin wenden. Diese einzeln auf den Backblechen verteilen. Die Chips im vorgeheizten Backofen (zweiter Einschub von oben und unten) etwa 15–20 Minuten backen, bis sich die Ränder leicht braun färben.

Anschließend aus dem Ofen nehmen und erkalten lassen. Nach dem Abkühlen sind die Chips schön knusprig.

Tipp
Für Chips aus Kartoffelschalen diese zunächst gründlich waschen und verlesen. Die Schalen dann etwa 2 Minuten in heißem Öl frittieren. Anschließend abtropfen lassen und nach Geschmack würzen. Wegen des darin enthaltenen Solanin, ist allerdings von einem übermäßigen Verzehr abzuraten. Kindern sollten sie nicht serviert werden.

KLIMABILANZ 90 g CO$_2$äq pro Portion, 80 % besser als vergleichbare Snacks
NÄHRWERT   166 kcal pro Portion

GRÜNKOHLCHIPS

Auf die gleiche Weise wie Grünkohl lassen sich auch zarte Wirsingblätter zu Chips verarbeiten.

 2 Portionen   15 Minuten + Backzeit: 30 Minuten   einfach   Herbst & Winter

20 Grünkohlblätter
3 EL Rapsöl
1 TL Salz

Den Backofen auf 130 °C Umluft vorheizen. Zwei Backbleche mit Backpapier auslegen. Den Grünkohl gründlich waschen und trockentupfen. Die dicken Blattstiele entfernen und die Blätter in kleine Stücke zupfen. Das Rapsöl mit dem Salz vermengen und die Grünkohlblätter darin wenden. Diese einzeln auf den Backblechen verteilen. Die Chips im vorgeheizten Backofen (zweiter Einschub von oben und unten) etwa 30 Minuten backen.

Anschließend aus dem Ofen nehmen und erkalten lassen. Nach dem Abkühlen sind die Chips schön knusprig.

KLIMABILANZ 70 g CO$_2$äq pro Portion, 81 % besser als vergleichbare Snacks
NÄHRWERT 246 kcal pro Portion

(WILD-)KRÄUTER-STICKS

Eine glutenfreie Alternative für die (Wild-)Kräuter-Sticks sind die Kräuter-Polenta-Sticks von Seite 124.

2 Portionen   20 Minuten + Gehzeit: 1 Stunde 15 Minuten + Garzeit: 10 Minuten

mittel   ganzjährig, gesammelte und getrocknete Kräuter oder Kräuter der Saison verwenden

125 g Weizenmehl
   Type 550 + mehr
   zum Bearbeiten
1 TL Salz
5 g frische Hefe
2 EL Hefeflocken
½ EL Olivenöl
1 EL getrocknete Kräuter

Das Mehl und das Salz in einer Schüssel vermengen. Eine Mulde hinein-drücken und die Hefe in die Mulde bröckeln. 50 ml lauwarmes Wasser darübergießen. Die Mulde mit Mehl bedecken und die Mischung 15 Minuten gehen lassen.

Anschließend die Hefeflocken dazugeben und alles zu einem glatten Teig verkneten. Weitere 25 ml lauwarmes Wasser dazugeben und unter-kneten. Zuletzt das Olivenöl hinzufügen und einkneten. Den Teig von Hand einige Minuten auf einer gut bemehlten Arbeitsfläche durchkneten. Anschließend abgedeckt etwa 1 Stunde gehen lassen, bis er etwa das doppelte Volumen erreicht hat.

Den Backofen auf 200 °C Umluft vorheizen. Ein Backblech mit Backpapier auslegen. Die Kräuter zum aufgegangenen Teig geben und unterkneten. Den Teig zu einem 10 cm breiten und 1 cm dicken Rechteck ausrollen. Dieses in 1 cm dicke Streifen schneiden. Die Streifen mit etwas Mehl be-stäuben, zu Strängen rollen und auf dem Backblech verteilen. Im vorgeheizten Backofen auf dem mittleren Einschub 5 Minuten backen. Die Temperatur auf 180 °C reduzieren und die Sticks weitere 5 Minuten backen.

Die (Wild-)Kräuter-Sticks pur oder mit selbst gemachten Aufstrichen, Dip oder Chutney genießen. Die (Wild-)Kräuter-Sticks lassen sich in einer ver-schlossenen Dose 2–3 Tage aufbewahren.

KLIMABILANZ 54 g CO$_2$äq pro Portion, 85 % besser als vergleichbare Snacks
NÄHRWERT 241 kcal pro Portion

KRÄUTER-POLENTA-STICKS

Polenta ist sehr vielfältig, wird bei uns jedoch gar nicht so oft verwendet. Zeit, das zu ändern!
Aus Polenta lassen sich übrigens auch Desserts zubereiten (siehe Seite 108).

👤 2 Portionen   🕐 30 Minuten + Backzeit: 30 Minuten

📊 einfach   📅 ganzjährig, gesammelte und getrocknete Kräuter oder Kräuter der Saison verwenden

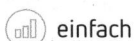

½ TL (glutenfreies)
   Gemüsebrühepulver
125 g Polenta
Salz
frisch gemahlener
   schwarzer Pfeffer
2 EL fein gehackte frische
   Kräuter (z.B. Rosmarin,
   Thymian, Basilikum,
   Petersilie); alternativ:
   getrocknete Kräuter
2 EL Olivenöl

400 ml Wasser mit dem Gemüsebrühepulver in einem Topf aufkochen.
Die Polenta einrühren und unter stetigem Rühren etwa 2–3 Minuten köcheln
lassen. Mit je 1–2 Prisen Salz und Pfeffer sowie den Kräutern würzen.

Ein Backblech mit Backpapier auslegen und dieses mit 1 TL Olivenöl bestreichen. Die Polentamasse auf dem Backpapier etwa 1,5 cm dick ausstreichen.
Die Masse 30 Minuten abkühlen lassen.

Den Backofen auf 200 °C Umluft vorheizen. Die fest gewordene Masse in
Streifen schneiden und mit dem übrigen Öl bestreichen. Im vorgeheizten
Backofen auf dem zweiten Einschub von oben etwa 15 Minuten backen.
Die Polenta-Sticks nach dieser Zeit wenden und weitere 15 Minuten backen,
bis sie goldbraun und schön knusprig sind.

Die Kräuter-Polenta-Sticks pur, mit selbst gemachten Aufstrichen, Dip oder
Chutney genießen. Oder zu einem Salat oder Burger als Alternative zu
Pommes frites reichen.

KLIMABILANZ 63 g CO$_2$äq pro Portion, 92 % besser als vergleichbare Snacks
NÄHRWERT 403 kcal pro Portion

GEWÜRZTE SONNENBLUMENKERNE

Nicht nur ein herzhafter Snack, sondern ebenso ein geschmackvolles Topping für Salate.

 2 Portionen   10 Minuten    einfach   ganzjährig

250 g Sonnenblumenkerne
100 ml Sojasauce oder Lupinenwürzsauce (siehe Infokasten Seite 83)

Die Sonnenblumenkerne in einer Pfanne ohne Fett unter ständigem Rühren rösten, bis sie leicht gebräunt sind und leicht duften. Die Soja- bzw. Lupinenwürzsauce einrühren und kurz köcheln lassen. Die Pfanne dann vom Herd nehmen und weiterrühren, bis die Sauce verkocht ist und die Sonnenblumenkerne von der würzigen Mischung gut umhüllt sind.

Warm oder kalt als Snack genießen.

Tipps
Die abgekühlten Sonnenblumenkerne lassen sich einige Tage in einem verschlossenen Glas aufbewahren.

Sojasauce gibt es auch als glutenfreie Variante, sie heißt Tamari und ist in gut sortierten Asia-, Bioläden und Supermärkten zu finden.

KLIMABILANZ 202 g CO$_2$äq pro Portion, 60 % besser als vergleichbare Snacks
NÄHRWERT 296 kcal pro Portion

SCHARFE BLUMENKOHLWINGS

Wer es nicht so scharf mag, kann die Chilischote und den Cayennepfeffer weglassen oder mit anderen Gewürzen experimentieren.

---

 2 Portionen   15 Minuten + Backzeit: 40 Minuten   mittel   Sommer & Herbst

Für die Blumenkohlwings im Backteig

½ kleiner Blumenkohl
1 Knoblauchzehe
½ kleine Chilischote
40 ml Haferdrink
  (siehe Seite 151)
12 g Maisstärke
18 g Dinkelmehl Type 630
je ¼ TL Backpulver und Salz
1 ½ TL Sonnenblumenöl

Für die scharfe Sauce

25 g Tomatenmark
1 ½ TL Rapsöl
1 ½ TL Honig, Zuckerrüben-
  sirup oder Apfeldicksaft
  (vegane Alternative)
1 ½ TL Apfelessig
  (siehe Seite 156)
½ TL edelsüßes
  Paprikapulver
¼ TL gemahlener
  Cayennepfeffer
¼ TL frisch gemahlener
  schwarzer Pfeffer
½ TL getrockneter Salbei

Den Backofen auf 200 °C Umluft vorheizen. Ein Backblech mit Backpapier auslegen. Den Blumenkohl waschen, den Strunk herausschneiden und den Blumenkohl in mundgerechte Röschen teilen.

Für den Backteig den Knoblauch abziehen. Die Chilischote waschen und entkernen. Beides fein hacken und mit den übrigen Zutaten für den Backteig bis auf den Blumenkohl in einer Schüssel zu einem glatten Teig verrühren. Die Blumenkohlröschen zum Backteig geben und darin wenden, bis sie vollständig ummantelt sind.

Die Blumenkohlröschen auf dem Backblech verteilen und im vorgeheizten Backofen auf dem mittleren Einschub 15 Minuten backen. Dann die Blumen-kohlröschen wenden und weitere 15 Minuten backen.

In der Zwischenzeit die scharfe Sauce zubereiten. Dafür das Tomatenmark mit 1,5 TL Wasser, dem Öl, Honig, Apfelessig, den Gewürzen und dem Salbei in einer Schüssel verrühren.

Die Blumenkohlwings aus dem Ofen nehmen und die scharfen Sauce darüber verteilen. Die Wings für weitere 10 Minuten backen.

Anschließend aus dem Ofen nehmen und warm servieren.

BASICS
FÜR AUFSTRICHE, PFLANZENDRINKS & CO.

KLIMABILANZ 62 g CO$_2$äq pro Portion (etwa 65 g), 73 % besser als vergleichbare Basics
NÄHRWERT   124 kcal pro Portion (etwa 65 g)

KAROTTEN-WALNUSS-AUFSTRICH

Karotten werden von Juni bis November geerntet. Sie sind damit viele Monate
im Jahr regional verfügbar. Walnüsse haben nur im September und Oktober Saison.
Gut abgetrocknete, ungeschälte Nüsse sind allerdings mehrere Monate lagerfähig.
Am besten bewahrt man sie im Keller auf.

 Für etwa 250 g (4 Portionen)   10 Minuten + Garzeit: 15 Minuten   einfach   🗓 Herbst & Winter

50 g Walnusskerne
2 mittelgroße Karotten
1 EL Olivenöl
Salz
1 kleine Knoblauchzehe
1 EL Apfelessig
   (siehe Seite 156)
frisch gemahlener
   schwarzer Pfeffer

Die Walnusskerne grob hacken und in einer Pfanne ohne Fett anrösten.
Dann zum Abkühlen beiseitestellen.

Die Karotten putzen, schälen und in Würfel schneiden. Diese in einer Pfanne
im heißen Olivenöl 5 Minuten anbraten. Danach mit 20 ml Wasser ablöschen,
1 Prise Salz hinzufügen und bei aufgesetztem Deckel 5 Minuten bei niedriger
Temperatur köcheln lassen. Anschließend etwas abkühlen lassen.

Den Knoblauch abziehen und in Würfel schneiden. Die gerösteten Walnusskerne
mit den Karotten, dem Knoblauch und dem Apfelessig fein pürieren. Mit Salz
und Pfeffer abschmecken.

Den Aufstrich in eine Schale füllen und zum Beispiel zu Crackern
(siehe Seite 114 ff.) servieren.

KLIMABILANZ   64 g CO$_2$äq pro Portion (etwa 65–75 g), 66 % besser als vergleichbare Basics
NÄHRWERT   104 kcal pro Portion (etwa 65–75 g)

ERBSENAUFSTRICH

Erbsen haben bei uns von Juni bis August Saison und sind in diesem Zeitraum frisch erhältlich.
Außerhalb der Saison kann der Dip auch mit tiefgefrorenen Erbsen zubereitet werden.
Dann verlängert sich die Kochzeit auf 4 Minuten. Trockenerbsen müssen zunächst 24 Stunden
eingeweicht und dann mit frischem Wasser für 45–60 Minuten gekocht werden.

 Für etwa 250–300 g (4 Portionen)   10 Minuten + Garzeit: 5 Minuten   einfach   Sommer

200 g frische Erbsen
    (alternativ: 100 g
    getrocknete Erbsen)
Salz
1 Zwiebel
1 kleine Knoblauchzehe
3 EL Olivenöl
frisch gemahlener
    schwarzer Pfeffer

Die frischen Erbsen in 400 ml leicht gesalzenes, kochendes Wasser geben.
Ohne Deckel 2 Minuten kochen. Danach abgießen, kalt abschrecken und
abtropfen lassen.

Die Zwiebel und den Knoblauch abziehen, in Würfel schneiden und in
1 EL Olivenöl anschwitzen. Dann zusammen mit den Erbsen, dem übrigen
Olivenöl (2 EL), je 1–2 Prisen Salz und Pfeffer in einen hohen Rührbecher
geben und mit dem Stabmixer glatt pürieren.

Den Aufstrich in eine Schale füllen und zum Beispiel zu Crackern
(siehe Seite 114 ff.) servieren.

Tipp
1 Prise Natron im Kochwasser erhält die grüne Farbe.

KLIMABILANZ 69 g CO$_2$äq pro Portion (50−77 g), 63 % besser als vergleichbare Basics
NÄHRWERT 97 kcal pro Portion (50−77 g)

ACKERBOHNENDIP

Ackerbohnen haben von Juni bis August bei uns Saison und sind in dieser Zeit frisch erhältlich.
Außerhalb der Saison kann der Aufstrich auch mit getrockneten Bohnenkernen zubereitet werden.
Diese zuerst in reichlich Wasser einweichen und 24 Stunden quellen lassen. Das Einweichwasser
dabei zwei- bis dreimal wechseln. Am nächsten Tag in einem Sieb abgießen und abbrausen.
Die Bohnen in einem Topf mit frischem Wasser bedecken und mit 1 Prise Natron aufkochen.
Bei mittlerer Temperatur in etwa 45−60 Minuten weich kochen. Anschließend abgießen und wie
im Rezept angegeben verwenden.

---

 4 Portionen (etwa 200−250 g)　　 20 Minuten + Garzeit: 20 Minuten　　 einfach　　⌗ Sommer

500 g frische Ackerbohnen
aus Deutschland
(alternativ: 100 g
getrocknete Acker-
bohnenkerne)
Salz
1 Knoblauchzehe
4 Stängel frische krause
Petersilie
30 g Sonnenblumenkerne
1 EL Zitronensaft
2 EL Olivenöl
½ TL gemahlener Kreuz-
kümmel
frisch gemahlener
schwarzer Pfeffer

Die Ackerbohnenkerne aus den Schalen lösen. Die Kerne in einer hitze-
beständigen Schüssel mit heißem Wasser überbrühen und 2 Minuten darin
ziehen lassen. Dann abgießen und kalt abspülen. Anschließend die weißen
Häute von den Kernen entfernen.

Die geschälten Kerne in leicht gesalzenem Wasser 15 Minuten kochen.
Danach abgießen und abkühlen lassen.

Den Knoblauch abziehen. Die Petersilie abbrausen, trockentupfen und
die Blätter abzupfen. 2−3 Petersilienblätter für die Garnitur beiseitelegen.
Die Sonnenblumenkerne in einer Pfanne ohne Fett anrösten und zum
Abkühlen beiseitestellen.

Die abgekühlten Sonnenblumenkerne in der Küchenmaschine fein mahlen.
Die Ackerbohnen, den Knoblauch, die Petersilie, den Zitronensaft, das Olivenöl
und den Kreuzkümmel zugeben und alles fein pürieren. Gegebenenfalls etwas
Wasser hinzugeben, falls die Masse zu fest ist. Mit je 1−2 Prisen Salz und
Pfeffer abschmecken.

Den Aufstrich in eine Schale füllen, mit Petersilienblättern garnieren und
zum Beispiel zu Crackern (siehe Seite 114 ff.) servieren.

Tipp
Ackerbohnen sind auch als Dicke Bohnen, Saubohnen, Favabohnen oder
Puffbohnen bekannt.

Hülsenfrüchte

Die meisten Hülsenfrüchte wie Linsen und Bohnen werden nicht (mehr) in großem Maßstab in Deutschland angebaut. Wenn trockene Hülsenfrüchte gekauft werden, lohnt sich ein Blick auf die Herkunft, die immer auf der Verpackung angegeben ist. Kidneybohnen kommen, auch in Bio-Qualität, meist aus China. Kichererbsen werden häufig in Indien oder in der Türkei angebaut. Es gibt aber auch heimische Hülsenfrüchte. Ackerbohnen werden zum Beispiel in Deutschland angebaut und auf Wochenmärkten können sie von Juni bis August sogar frisch erworben werden. Braune Tellerlinsen sind ebenfalls aus Deutschland erhältlich. Viele deutsche Kleinbauern nutzen die Regionalvermarktung ihrer Hülsenfrüchte oder sie vertreiben ihre Produkte über das Internet.

Rote-Bete-Walnuss-Creme mit Meerrettich (siehe Seite 137)

Karotten-Walnuss-Aufstrich (siehe Seite 130)

Kartoffel-Pastinaken-Creme (siehe Seite 136)

Erbsenaufstrich
(siehe Seite 131)

Ackerbohnendip
(siehe Seite 132)

KLIMABILANZ 30 g CO_2äq pro Portion (etwa 75 g), 75 % besser als vergleichbare Basics
NÄHRWERT 59 kcal pro Portion (etwa 75 g)

KARTOFFEL-PASTINAKEN-CREME

Die Creme eignet sich gut für die Resteverwertung von gekochten Kartoffeln.

 Für etwa 300 g (4 Portionen)  15 Minuten + Garzeit: 20 Minuten  einfach  Herbst & Winter

150 g mehligkochende
  Kartoffeln
1 mittelgroße Pastinake
4 Stängel frische glatte
  Petersilie
2 EL Sonnenblumenöl
Salz
frisch gemahlener
  schwarzer Pfeffer

Die Kartoffeln und die Pastinake gründlich waschen. Die Pastinake und die ungeschälten Kartoffeln in Wasser weich kochen. Danach abgießen und abkühlen lassen.

Die Kartoffeln schälen und mit einem Kartoffelstampfer zerdrücken. Die Pastinake mit 50 ml Wasser pürieren. Die Petersilie abbrausen, trockentupfen, die Blätter abzupfen und fein hacken. Das Pastinakenpüree zu den Kartoffeln geben. Zusammen mit dem Sonnenblumenöl und der Petersilie untermischen. Die Creme mit Salz und Pfeffer abschmecken.

Den Aufstrich in eine Schale füllen und zum Beispiel zu Crackern (siehe Seite 114 ff.) servieren.

KLIMABILANZ 47 g CO_2äq pro Portion (etwa 50 g), 78 % besser als vergleichbare Basics
NÄHRWERT 119 kcal pro Portion (etwa 50 g)

ROTE-BETE-WALNUSS-CREME MIT MEERRETTICH

Die Blätter der Roten Bete können für ein Pesto (siehe Seite 142) verwendet werden.

 Für etwa 200 g (4 Portionen)   1 Stunde   einfach   Herbst & Winter

2 Knollen Rote Bete
1 Lauchzwiebel
50 g Walnusskerne
1 EL Olivenöl
1 TL fein geriebener
   Meerrettich

Die Rote Bete von den Blättern befreien, waschen und in einen Topf geben. Die Knollen knapp mit Wasser bedecken und in etwa 45 – 60 Minuten (je nach Größe) weich kochen.

Danach abgießen, schälen und in Würfel schneiden. Die Lauchzwiebel putzen, waschen und klein schneiden. Die Rote Bete mit den Lauchzwiebeln, den Walnusskernen, dem Olivenöl und dem Meerrettich fein pürieren.

Die Creme in eine Schale füllen und zum Beispiel zu Crackern (siehe Seite 114 ff.) servieren.

Tipp
Statt Walnusskernen können für diese Creme auch Haselnusskerne oder Sonnenblumenkerne verwendet werden. Meerrettich gibt es im Glas oder frisch auf dem Markt oder in der gut sortierten Gemüseabteilung.

KLIMABILANZ   20 g CO$_2$äq pro Portion (20 g), 76 % besser als vergleichbare Basics
NÄHRWERT   46 kcal pro Portion (20 g)

WILDKRÄUTER-WÜRZPASTE

Die Würzpaste ist sehr konzentriert und muss sparsam verwendet werden.

(👤) Für etwa 80 g (4 Portionen)   20 Minuten   einfach   (📅) ganzjährig

50 g frische Wildkräuter
   (Beispiele siehe unten)
25 ml Rapsöl oder Sonnen-
   blumenöl + etwas mehr
   zum Auffüllen
2 TL Salz

Die Kräuter waschen, trockentupfen und die holzigen Stiele entfernen.
Die Kräuter mit dem Öl und Salz fein pürieren. In ein sauberes Glas abfüllen, mit etwas Öl bedecken und im Kühlschrank lagern. Die Paste ist dort 3 Monate haltbar.

Nach Belieben kann auch eine kleine, abgezogene Knoblauchzehe mit fein püriert werden. Die Paste eignet sich zur Verfeinerung von Dips, Suppen oder als Brotaufstrich.

KLIMABILANZ   43 g CO$_2$äq pro Portion (50 g), 86 % besser als vergleichbare Basics
NÄHRWERT   169 kcal pro Portion (50 g)

(WILD-)KRÄUTER-PESTO

Wildkräuter sind das ganze Jahr über zu finden.

 Für etwa 200 g (4 Portionen)   20 Minuten   einfach   ganzjährig, Saisonkräuter verwenden

50 g Sonnenblumenkerne
100 g (Wild-)Kräuter
   (z.B. Petersilie, Bärlauch,
   Kapuzinerkresse, Giersch,
   Gundermann, Kamille,
   Borretsch, Sauerampfer,
   Löwenzahn, Brenn-
   nessel)
50 ml Rapsöl + etwas
   mehr zum Auffüllen
1 TL Salz
frisch gemahlener
   schwarzer Pfeffer
1 EL Hefeflocken (optional)

Die Sonnenblumenkerne in einer Pfanne ohne Fett anrösten und abkühlen lassen. Die Kräuter waschen, trockentupfen und die holzigen Stiele entfernen. Die Kräuter in der Küchenmaschine zerkleinern. Die Sonnenblumenkerne, das Rapsöl, das Salz und 1 Prise Pfeffer zugeben und alles fein pürieren. Für einen leichten Käsegeschmack Hefeflocken unterrühren.

In ein sauberes Glas abfüllen und mit etwas Öl bedecken. Im Kühlschrank lagern und innerhalb von 3 Monaten aufbrauchen.

KLIMABILANZ 77 g CO$_2$äq pro Portion (etwa 70 g), 88 % besser als vergleichbare Basics
NÄHRWERT 375 kcal pro Portion (etwa 70 g)

SONNENBLUMENKERN-AUFSTRICH

Das Grundrezept für den Aufstrich kann beliebig mit Gewürzen, Kräutern oder frischem Gemüse ergänzt und so abgewandelt werden (siehe Seite 141). Auch das Grün der Karotte, der Roten Bete oder anderer Gemüsesorten kann mit verarbeitet werden.

 Für etwa 130 g (2 Portionen)   10 Minuten + Einweichzeit: 24 Stunden   einfach   ganzjährig

Grundzutaten
100 g Sonnenblumenkerne
20 ml Sonnenblumenöl
1 EL Zitronensaft
Salz
frisch gemahlener
  schwarzer Pfeffer

Die Sonnenblumenkerne über Nacht in etwa 150 ml Wasser einweichen. Am nächsten Tag das Einweichwasser abgießen und die Sonnenblumenkerne abspülen.

Die Kerne mit dem Sonnenblumenöl und dem Zitronensaft fein pürieren. Falls die Masse zu trocken ist, etwas Wasser hinzugeben, bis eine streichfähige Konsistenz erreicht ist. Den Aufstrich mit Salz und Pfeffer abschmecken und in ein Schraubglas oder eine Schale füllen.

KLIMABILANZ 88 g CO$_2$äq pro Portion (etwa 70 g), 87 % besser als vergleichbare Basics
NÄHRWERT 377 kcal pro Portion (etwa 70 g)

GRÜNE VARIANTE

Grundzutaten
  (siehe Seite 140)
1 EL fein gehackte frische
  Petersilie

Den Aufstrich nach Grundrezept zubereiten. Die Petersilie zusammen mit den Sonnenblumenkernen fein pürieren.

KLIMABILANZ 78 g CO$_2$äq pro Portion (etwa 70 g), 89 % besser als vergleichbare Basics
NÄHRWERT 382 kcal pro Portion (etwa 70 g)

GELBE VARIANTE

Grundzutaten
  (siehe Seite 140)
1 TL gemahlener
  Kreuzkümmel
½ TL gemahlene
  Kurkuma

Den Aufstrich nach Grundrezept zubereiten. Den Kreuzkümmel und die Kurkuma zusammen mit den Sonnenblumenkernen fein pürieren.

KLIMABILANZ 126 g CO$_2$äq pro Portion (etwa 70 g), 82 % besser als vergleichbare Basics
NÄHRWERT 383 kcal pro Portion (etwa 70 g)

ROTE VARIANTE

½ rote Paprikaschote
Grundzutaten
  (siehe Seite 140)

Die Paprikaschote waschen, entkernen, den Stielansatz sowie die weißen Häute entfernen und das Fruchtfleisch in Streifen schneiden. Den Aufstrich nach Grundrezept zubereiten. Die Paprikaschoten zusammen mit den Sonnenblumenkernen fein pürieren.

KLIMABILANZ 86 g CO$_2$äq pro Portion (etwa 70 g), 88 % besser als vergleichbare Basics
NÄHRWERT 384 kcal pro Portion (etwa 70 g)

ORANGE VARIANTE

1 Karotte
Grundzutaten
  (siehe Seite 140)

Die Karotte waschen, schälen und in Stücke schneiden. Den Aufstrich nach Grundrezept zubereiten. Die Karotten zusammen mit den Sonnenblumenkernen im Hochleistungsmixer fein pürieren.

KLIMABILANZ 73 g CO_2äq pro Portion (etwa 50 g), 76 % besser als vergleichbare Basics
NÄHRWERT 171 kcal pro Portion (etwa 50 g)

RADIESCHENBLÄTTER-HASELNUSS-PESTO

Anstelle von Radieschengrün kann auch das Grün anderer Gemüsesorten zu Pesto verarbeitet werden, etwa die Blätter von Roter Bete oder von Karotten.

 Für etwa 200 g (4 Portionen)  20 Minuten  einfach ganzjährig

100 g Radieschenblätter
50 g Haselnusskerne
50 ml Rapsöl + etwas
   mehr zum Auffüllen
Salz
gemahlener schwarzer
   Pfeffer
1 TL Zitronensaft

Die Radieschenblätter waschen und trockentupfen. Die Blätter zusammen mit den Haselnusskernen, dem Rapsöl, je 1–2 Prisen Salz und Pfeffer sowie dem Zitronensaft im Hochleistungsmixer pürieren. In ein sauberes Glas abfüllen und mit etwas Öl bedecken. Im Kühlschrank lagern und innerhalb von 3 Monaten aufbrauchen.

Radieschenblätter-Haselnuss-Pesto (siehe Seite 142)

Grünkohl-Walnuss-Pesto (siehe Seite 144)

KLIMABILANZ 57 g CO$_2$äq pro Portion (etwa 50 g), 82 % besser als vergleichbare Basics
NÄHRWERT 178 kcal pro Portion (etwa 50 g)

GRÜNKOHL-WALNUSS-PESTO

Die beim Zubereiten übrig gebliebenen Blattstrünke können zum Beispiel in einem Smoothie verarbeitet werden.

Für etwa 200 g (4 Portionen)   20 Minuten   einfach   Winter

50 g Walnusskerne
100 g Grünkohl
1 Knoblauchzehe
50 ml Rapsöl + etwas
   mehr zum Auffüllen
Salz
frisch gemahlener
   schwarzer Pfeffer
1 EL Hefeflocken (optional)

Die Walnusskerne grob hacken, in einer Pfanne ohne Fett anrösten und abkühlen lassen. Inzwischen den Grünkohl waschen, die dicken Blattstrünke entfernen, die Blätter trockentupfen und grob zerkleinern. Den Knoblauch abziehen.

Die Walnusskerne in der Küchenmaschine zerkleinern. Den Grünkohl, den Knoblauch, das Rapsöl, je 1–2 Prisen Salz und Pfeffer dazugeben und alles fein pürieren. Für einen leichten Käsegeschmack Hefeflocken unterrühren. In ein sauberes Glas abfüllen und mit etwas Öl bedecken. Im Kühlschrank lagern und innerhalb von 3 Monaten aufbrauchen.

KLIMABILANZ 68 g CO$_2$äq pro Portion (50 g), 81 % besser als vergleichbare Basics
NÄHRWERT 223 kcal pro Portion (50 g)

MAYO OHNE EI

Die Mayo schmeckt zu Burgern, Pommes oder anderem Fingerfood. Da sie ohne Ei auskommt, besteht keine Gefahr einer Salmonelleninfektion.

 Für etwa 150 g (3 Portionen)   10 Minuten   einfach    ganzjährig

50 ml Pflanzendrink
  (siehe Seite 148 ff.)
1 TL Zitronensaft oder
  Weißweinessig
½ TL mittelscharfer Senf
100 – 125 ml Rapsöl
Salz
frisch gemahlener
  schwarzer Pfeffer

Den Pflanzendrink mit dem Zitronensaft oder dem Weißweinessig verrühren und 5 Minuten ruhen lassen.

Die Pflanzendrink-Mischung mit dem Senf in einen hohen Rührbecher geben. Mit dem Stabmixer kurz aufschlagen. Nach und nach das Öl in einem dünnen Strahl zugeben und untermixen. Die Mayonnaise mit Salz und Pfeffer abschmecken und in ein sauberes Glas abfüllen.

KLIMABILANZ 69 g CO$_2$äq pro Portion (50 g), 81 % besser als vergleichbare Basics
NÄHRWERT 225 kcal pro Portion (50 g)

AIOLI OHNE EI

Aioli ist die Knoblauch-Variante der Mayo.

 Für etwa 150 g (3 Portionen)   10 Minuten   einfach   ganzjährig

50 ml Pflanzendrink
  (siehe Seite 148 ff.)
1 TL Zitronensaft oder
  Weißweinessig
1 Knoblauchzehe
½ TL mittelscharfer Senf
100 – 125 ml Rapsöl
Salz
frisch gemahlener
  schwarzer Pfeffer

Den Pflanzendrink mit dem Zitronensaft oder Weißweinessig verrühren und 5 Minuten ruhen lassen.

Den Knoblauch abziehen und zusammen mit der Pflanzendrink-Mischung und dem Senf in einen hohen Mixbecher geben. Mit dem Stabmixer kurz aufschlagen. Nach und nach das Öl in einem dünnen Strahl zugeben und untermixen. Die Aioli mit Salz und Pfeffer abschmecken und in ein sauberes Glas abfüllen.

KLIMABILANZ 89 g CO$_2$äq pro Portion (50 g), 63 % besser als vergleichbare Basics
NÄHRWERT 100 kcal pro Portion (50 g)

CHUTNEY

Das Chutney passt zu den Gemüseschnitzeln aus Steckrübe (siehe Seite 78), Crackern oder Chips.

(Für etwa 150 g (3 Portionen)   10 Minuten   einfach   Herbst

1 kleine Karotte
1 rote Zwiebel
1 kleine reife Birne
25 g getrocknete
  entsteinte Datteln
½ kleine Chilischote
½ TL Koriandersamen
½ TL Fenchelsamen
½ TL Senfsamen
½ TL Sternanis
40 g Rohrohrzucker
25 ml Apfelessig
  (siehe Seite 156)
1 TL Salz

Die Karotte waschen, schälen und fein raspeln. Die Zwiebel abziehen und in Spalten schneiden. Die Birne schälen, entkernen und in Würfel schneiden. Die Datteln halbieren. Die Chilischote waschen, nach Belieben entkernen und fein hacken. Die Gewürze im Mörser zerstoßen.

Die vorbereiteten Zutaten mit dem Rohrohrzucker, dem Apfelessig und dem Salz in einen Topf geben und bei aufgesetztem Deckel bei hoher Temperatur aufkochen. Sobald die Mischung kocht, die Temperatur reduzieren und alles in 40 Minuten dickflüssig einkochen. Dabei gelegentlich umrühren.

Das Chutney heiß in ein sterilisiertes Schraubglas füllen, verschließen und abkühlen lassen. Das Chutney hält sich im Kühlschrank mindestens 4 Wochen.

KLIMABILANZ   34 g CO$_2$äq pro Portion (250 ml), 84 % besser als vergleichbare Basics
NÄHRWERT   95 kcal pro Portion (250 ml)

DINKELDRINK

Der beim Filtern übrig bleibende Dinkel kann unter Müsli, Porridge
oder Aufstriche gemischt werden.

Ergibt etwa 1 l (4 Portionen)

10 Minuten + Einweichzeit: 12 Stunden

 einfach

ganzjährig

100 g ganze Dinkelkörner
1 TL Zucker
1 Prise Salz
1 TL Sonnenblumenöl

Die Dinkelkörner für 12 Stunden in kaltem Wasser einweichen. Anschließend abgießen und abspülen.

Die eingeweichten Körner mit 1 l kaltem Wasser, dem Zucker, dem Salz und dem Öl in der Küchenmaschine auf hoher Stufe 2–3 Minuten aufmixen. Die Mischung durch einen Nussmilchbeutel oder ein Passiertuch abgießen. Die Reste gut ausdrücken. Den Dinkeldrink in eine saubere Flasche abfüllen, im Kühlschrank lagern und innerhalb von 2 Tagen verbrauchen. Vor dem Gebrauch die Flasche etwas schütteln.

KLIMABILANZ 18 g CO_2äq pro Portion (250 ml), 87 % besser als vergleichbare Basics
NÄHRWERT 32 kcal pro Portion (250 ml)

ERBSENDRINK

Wenn der Erbsendrink zum Kochen oder für Müsli verwendet wird, entfällt das Filtern,
da der Drink dafür zu dünnflüssig wird.

Ergibt etwa 1 l (4 Portionen)

einfach

20 Minuten + Einweichzeit: 12 Stunden + Garzeit: 30 Minuten

ganzjährig

120 g getrocknete
   gelbe Schälerbsen
1 Prise Salz
1 TL Zucker

Die Erbsen für 12 Stunden in kaltem Wasser einweichen. Anschließend abgießen, abspülen und in einen Topf geben. Die Erbsen mit reichlich Wasser bedecken und 30 Minuten bei aufgesetztem Deckel kochen. Dann abgießen und etwas abkühlen lassen.

Die Erbsen mit 1 l kaltem Wasser, dem Salz und dem Zucker in der Küchenmaschine auf hoher Stufe 2–3 Minuten aufmixen. Die Mischung durch einen Nussmilchbeutel oder ein Passiertuch abgießen. Die Reste gut ausdrücken. Den Erbsendrink in eine saubere Flasche abfüllen, im Kühlschrank lagern und innerhalb von 2 Tagen verbrauchen. Vor dem Gebrauch die Flasche etwas schütteln.

HIRSEDRINK

Die beim Filtern übrig bleibende Hirse kann unter Müsli, Porridge
oder Aufstriche gemischt werden.

 Ergibt etwa 1 l (4 Portionen)   🕐 20 Minuten + Einweichzeit: 24 Stunden + Garzeit: 15 Minuten

einfach   ganzjährig

100 g Hirse
1 Prise Salz
1 TL Zucker

Die Hirse mit 1 l Wasser nach Packungsangabe zubereiten. Dann abkühlen
lassen.

Die abgekühlte Hirse mit dem Kochwasser und dem Salz fein pürieren.
Die Mischung durch einen Nussmilchbeutel oder ein Passiertuch abgießen.
Die Reste gut ausdrücken. Den Hirsedrink mit dem Zucker mischen und
in eine saubere Flasche abfüllen. Im Kühlschrank lagern und innerhalb von
2–3 Tagen verbrauchen. Vor dem Gebrauch die Flasche etwas schütteln.

KLIMABILANZ 26 g CO$_2$äq pro Portion (250 ml), 88 % besser als vergleichbare Basics
NÄHRWERT 98 kcal pro Portion (250 ml)

HAFERDRINK

Die beim Filtern übrig bleibenden Haferflocken können unter Müsli, Porridge
oder Aufstriche gemischt werden.

(icon) Ergibt etwa 1 l (4 Portionen) (icon) 10 Minuten (icon) einfach (icon) ganzjährig

100 g zarte Haferflocken
1 TL Zucker
1 Prise Salz

Die Haferflocken mit dem Zucker, dem Salz und 1 l kaltem Wasser fein
pürieren. Die Mischung durch einen Nussmilchbeutel oder ein Passiertuch
abgießen. Die Reste gut ausdrücken. Den Haferdrink in eine saubere Flasche
abfüllen, im Kühlschrank lagern und innerhalb von 2 Tagen verbrauchen.
Vor dem Gebrauch die Flasche etwas schütteln.

KLIMABILANZ 48 g CO$_2$äq pro Portion (250 ml), 93 % besser als vergleichbare Basics
NÄHRWERT 157 kcal pro Portion (250 ml)

SONNENBLUMENKERNDRINK

Die beim Filtern übrig bleibenden Sonnenblumenkerne können unter Müsli, Porridge
oder Aufstriche gemischt werden.

(icon) Ergibt etwa 1 l (4 Portionen) (icon) 20 Minuten + Einweichzeit: 10 Stunden (icon) einfach (icon) ganzjährig

200 g Sonnenblumenkerne
1 TL Zucker
1 Prise Salz

Die Sonnenblumenkerne für 12 Stunden in kaltem Wasser einweichen.
Anschließend abgießen und abspülen.

Die eingeweichten Kerne mit 1 l kaltem Wasser, dem Zucker und dem Salz
fein pürieren. Die Mischung durch einen Nussmilchbeutel oder ein Passiertuch abgießen. Die Reste gut ausdrücken. Den Sonnenblumenkerndrink
in eine saubere Flasche abfüllen, im Kühlschrank lagern und innerhalb von
2 Tagen verbrauchen. Vor dem Gebrauch die Flasche etwas schütteln.

KLIMABILANZ 52 g CO_2äq pro Portion (etwa 100 ml), 91 % besser als herkömmliche Sahne

Vergleich: Klimabilanz von Sahne (Vollfett) 548 g CO_2äq pro 100 ml

NÄHRWERT 311 kcal pro Portion (etwa 100 ml)

SONNENBLUMEN-KERNSAHNE

Die Sonnenblumenkernsahne kann je nach Verwenden beliebig mit Salz, Pfeffer und Zitronensaft verfeinert werden. Sie lässt sich wie Sahne aus Kuhmilch zum Kochen einsetzen.

Ergibt etwa 200 ml (2 Portionen)   20 Minuten + Einweichzeit: 1 Stunde   einfach   ganzjährig

100 g Sonnenblumenkerne

Die Sonnenblumenkerne für mindestens 1 Stunde in 200 ml Wasser einweichen.

Die Sonnenblumenkerne mit dem Einweichwasser etwa 3 Minuten glatt pürieren. Die Sonnenblumenkernsahne in ein sauberes, verschließbares Glas füllen, im Kühlschrank lagern und innerhalb von 2 Tagen verbrauchen. Vor dem Gebrauch das Glas etwas schütteln.

KLIMABILANZ 35 g CO_2äq pro Portion (etwa 100 ml), 85 % besser als herkömmliche Sahne

Vergleich: Klimabilanz von Sahne (Vollfett) 548 g CO_2äq pro 100 ml

NÄHRWERT 117 kcal pro Portion (etwa 100 ml)

HAFERSAHNE

Die Hafersahne kann wie Sahne aus Kuhmilch zum Kochen verwendet werden.

 Ergibt etwa 200 ml (2 Portionen)  30 Minuten   einfach ganzjährig

50 g kernige Haferflocken
2 TL Sonnenblumenöl
1 Prise Salz

300 ml Wasser aufkochen. 150 ml des Wassers mit den Haferflocken in einer Schüssel mischen und 10 Minuten quellen lassen.

Die Mischung anschließend mit dem übrigen Wasser (150 ml), dem Öl und dem Salz in der Küchenmaschine etwa 3 Minuten auf mittlerer Stufe mixen. Dann erneut 10 Minuten quellen lassen. Die Mischung durch einen Nussmilchbeutel oder ein Passiertuch abgießen. Die Reste gut ausdrücken. Die Hafersahne in ein sauberes, verschließbares Glas abfüllen, im Kühlschrank lagern und innerhalb von 2 Tagen verbrauchen. Vor dem Gebrauch das Glas etwas schütteln.

Milch und Sahne ersetzen

Die Klimabilanz von pflanzlichen Drinks ist sehr viel besser als die von Kuhmilch und Sahne. Hier angegeben sind die Durchschnittswerte für Hafer- und Sojadrink.

CO_2-Wert für 200 ml (gekauften) Haferdrink (1 Glas): 80 g CO_2äq
CO_2-Wert für 200 ml (gekauften) Sojadrink (1 Glas): 112 g CO_2äq

CO_2-Wert für 200 ml (gekaufte) Milch, 2,5 % Fett (1 Glas): 335 g CO_2äq
CO_2-Wert für 200 ml (gekaufte) Sahne, 35 % Fett (1 Glas): 1.096 g CO_2äq

KLIMABILANZ 46 g CO$_2$äq pro Portion, 53 % besser als vergleichbare Basics
NÄHRWERT 33 kcal pro Portion

LAKTOFERMENTIERTES GEMÜSE

Eine hierzulande fast vergessene simple Methode, um Gemüse lange haltbar zu machen und die gesundheitsfördernde Wirkung noch zu steigern: milchsauer vergären. Und dank der Milchsäurebakterien passiert dieser Vorgang von allein. Wer nur selten milchsaures Gemüse isst, der tastet sich mit der Menge, die man auf einmal zu sich nimmt, zum Beispiel mit drei bis vier Gemüsesticks, zunächst heran. Zu viel auf einmal kann zu Blähungen oder Bauchschmerzen führen.

---

2 Portionen   1 Stunde + Fermentationszeit: 2–3 Wochen

komplex   ganzjährig, Gemüse der Saison verwenden

---

30 g naturbelassenes Salz
1 kg Gemüse nach Wahl
    (z. B. Karotten, Fenchel,
    Rote Bete, Rettich)

1 l Wasser in einem Topf aufkochen, das Salz darin auflösen und dann das Salzwasser abkühlen lassen. Diese Salzlake sollte einen Salzgehalt von 2–3 % haben. Für festes Gemüse ist ein hoher Salzgehalt gut. Je höher der Salzgehalt ist, desto länger braucht die Fermentation.

Das Gemüse putzen, waschen, gegebenenfalls schälen und in 4–5 cm lange und 1 cm breite Gemüsesticks (je nach Glashöhe) schneiden. Eng aneinandergereiht in zwei große, sterilisierte Schraubdeckelgläser geben. Die Salzlake über das Gemüse gießen und darauf achten, dass keine Luftblasen im Glas verbleiben. Das Glas dafür behutsam mit der Unterseite auf der Arbeitsfläche stoßen. Das Gemüse muss vollständig von der Salzlake bedeckt sein. Zum oberen Glasrand sollten mindestens 4 cm Platz verbleiben.

Einen kleineren, sauberen, abgekochten Deckel (etwa von einem Weckglas oder ein Unterteller) umgedreht auf das Gemüse im Glas legen und zum Beschweren ein kleines (Schnaps-)Glas, das mit Wasser gefüllt ist, auf den umgedrehten Schraubdeckel im Glas stellen. Das Schraubglas wird nur locker mit einem Deckel verschlossen, damit entstehende Gase entweichen können.

Bei Raumtemperatur lagern und direkte Sonneneinstrahlung vermeiden. Nach 1 Tag bilden sich erste Gasbläschen und das Gemüse treibt nach oben. Dann darauf achten, dass die Gemüsesticks immer unter der schützenden Wasseroberfläche bleiben, um Schimmelbildung zu vermeiden. Nach 2–3 Wochen ist die Fermentation abgeschlossen – je nach Größe der Sticks (je dicker die Sticks, desto länger dauert der Vorgang).

Das Gemüse schmeckt deutlich sauer und perlt nicht mehr auf der Zunge. Alle paar Tage während der Fermentation kann ein Gemüsestick mit einer sauberen Gabel entnommen werden, um den Geschmack zu testen. Zu häufiges Öffnen kann allerdings das Auftreten unerwünschter Mikroorganismen begünstigen. Nach der Fermentation das Glas fest verschließen und in den Kühlschrank stellen. Das fermentierte Gemüse ist bis zu 1 Jahr oder auch länger haltbar.

Tipp

Für die Fermentation eignen sich Gemüsesorten, die nur wenig Wasser enthalten und auch roh gegessen werden können. Dazu zählen etwa Karotten, Fenchel, Rettich, Radieschen, Rote Bete, Pastinaken, Kürbis, Spargel, Blumenkohl, Weißkohl. Bohnen oder Kartoffeln sind nicht geeignet. Dünnblättrige Kräuter werden schnell matschig. Der Fantasie sind keine Grenzen gesetzt. Das Gemüse kann einzeln fermentiert werden oder in Kombination.

Zur Fermentation können auch Gewürze zugegeben werden, wie etwa Wacholderbeeren, Pfefferkörner, Senfkörner, Knoblauch, getrocknete Chilischote, Rosmarinzweige. Für den Anfang ist es ratsam, Gewürze eher sparsam zu verwenden bzw. sich langsam heranzutasten, da das Gemüse allein schon ein intensives Aroma bildet.

Hinweis

Das Gemüse im Glas sollte leicht säuerlich riechen. Riecht es stark unangenehm, ist die Salzlake stark eingetrübt oder ist das Gemüse schimmelig, muss der Inhalt weggeworfen werden. Manchmal entwickelt sich im Laufe der Zeit auf der Oberfläche eine dünne weiße Schicht, die Falten wirft. Das ist Kahmhefe, welche für den Menschen ungefährlich, aber dennoch unerwünscht ist. Sie kann eine potenzielle Oberfläche für Schimmelwachstum sein. Kahmhefe verändert zudem den Geschmack des Gemüses, daher sollte es zügig aufgebraucht werden.

KLIMABILANZ 20 g CO$_2$äq pro 100 ml, 77 % besser als vergleichbare Basics
NÄHRWERT 45 kcal pro Portion (100 ml)

APFELESSIG

 Ergibt etwa 1 l (10 Portionen)

🕐 20 Minuten + Reifezeit: 8 Wochen + Kühlzeit: 8 Wochen

einfach

📅 ganzjährig, Zubereitung im Sommer und Herbst

500 g Äpfel
50 g Zucker

Die Äpfel waschen, entkernen und in kleine Würfel schneiden. Die Apfelwürfel mit dem Zucker in ein großes, sterilisiertes Gefäß geben. Frisches Wasser hinzufügen, bis die Äpfel 3 cm hoch mit Wasser bedeckt sind. Die Äpfel gegebenenfalls mit einem kleinen (sterilisierten) Teller beschweren, damit sie nicht aufschwimmen. Das Gefäß mit einem sauberen Tuch abdecken und kühl und dunkel lagern. Das Gefäß 1 Woche täglich schwenken. Der nach etwa 1 Woche entstehende Schaum zeigt die Gärung an.

Nach 1 Woche das Apfelwasser durch ein sauberes Baumwolltuch filtern und in ein ausgekochtes Gefäß füllen. Mit Küchenpapier abdecken und mit einem Gummiring fixieren. An einem warmen Ort etwa 4 Wochen ohne Bewegung reifen lassen. Mit der Zeit bildet sich eine durchscheinende Schicht, die Essigmutter.

Nach 7 Wochen den Essig in Flaschen umfüllen und fest verschließen. Nochmals für 8 Wochen kühl stellen und nachreifen lassen.

KLIMABILANZ 23 g CO_2äq pro Portion (250 ml), 81 % besser als vergleichbare Basics.
NÄHRWERT   6 kcal pro Portion (250 ml)

GURKE-MINZE-WASSER

 Ergibt etwa 1 l (4 Portionen)    5 Minuten + Ziehzeit: 20 Minuten    einfach    Sommer

½ Salatgurke
4 Stängel frische Minze

Die Gurke waschen und in dünne Scheiben schneiden. Die Minze abbrausen. Die Gurke und die Minze in einem Wasserkrug mit 1 l frischem kaltem Wasser übergießen und 20 Minuten ziehen lassen. Das Gurke-Minze-Wasser kalt stellen und gut gekühlt servieren.

Tipp
Ist der Krug leer, können Gurke und Minze weitere zwei- bis dreimal mit frischem Wasser aufgegossen werden.

KLIMABILANZ 4 g CO$_2$äq pro Portion (250 ml), 95 % besser als vergleichbare Basics
NÄHRWERT   7 kcal pro Portion (250 ml)

APFEL-WASSER

Ergibt etwa 1 l (4 Portionen)   5 Minuten + Ziehzeit: 20 Minuten   einfach   Sommer & Herbst

½ Apfel

Den Apfel waschen und in dünne Scheiben schneiden. Die Apfelscheiben in einem Wasserkrug mit 1 l frischem kaltem Wasser übergießen und 20 Minuten ziehen lassen. Das Apfel-Wasser kalt stellen und gut gekühlt servieren.

Tipp
Ist der Krug leer, kann der Apfel weitere zwei- bis dreimal mit frischem Wasser aufgegossen werden.

KLIMABILANZ 3 g CO$_2$äq pro Portion (250 ml), 96 % besser als vergleichbare Basics
NÄHRWERT   2 kcal pro Portion (250 ml)

THYMIAN-WASSER

Ergibt etwa 1 l (4 Portionen)   5 Minuten + Ziehzeit: 20 Minuten   einfach   Sommer

3 Zweige frischer Thymian

Die Thymianzweige waschen. Die Zweige in einem Wasserkrug mit 1 l frischem kaltem Wasser übergießen und 20 Minuten ziehen lassen. Das Thymian-Wasser kalt stellen und gut gekühlt servieren.

Tipp
Es eignen sich auch andere aromatische Kräuter, wie etwa Basilikum, Rosmarin, Petersilie, Zitronenmelisse oder Minze. Die Kräuter können weitere zwei- bis dreimal mit frischem Wasser aufgegossen werden.

KLIMABILANZ 62 g CO₂äq pro Portion (250 ml), 72 % besser als vergleichbare Basics
NÄHRWERT 125 kcal pro Portion (250 ml)

ROTE-BETE-APFEL-LIMONADE

(👤) Ergibt etwa 1 l (4 Portionen) (🕐) 20 Minuten (📊) einfach (📅) Sommer, Herbst & Winter

4 Äpfel
4 Knollen Rote Bete
1–2 EL Zitronensaft
50 g Zucker

Die Äpfel und die Rote Bete waschen, in Stücke schneiden und entsaften. Den Saft in einem Wasserkrug auffangen, mit Zitronensaft und Zucker mischen und mit etwa ½ l frischem Wasser auffüllen. Die Limonade kalt stellen und gut gekühlt servieren.

Tipp
Wer keinen Entsafter zur Hand hat, raspelt die Äpfel und Rote Bete sehr fein und mischt sie mit dem Zucker. 1 Stunde Saft ziehen lassen. Anschließend den entstandenen Saft durch ein Sieb gießen, die Reste gut ausdrücken und mit den übrigen Zutaten vermengen.

RESTEKÜCHE Die Reste des Pürees können zum Beispiel unter Porridge gemischt werden.
KLIMABILANZ 51 g CO₂äq pro Portion (250 ml), 72 % besser als vergleichbare Basics
NÄHRWERT 86 kcal pro Portion (250 ml)

ERDBEERE-MINZE-LIMONADE

(👤) Ergibt etwa 1 l (4 Portionen) (🕐) 20 Minuten (📊) einfach (📅) Sommer

500 g frische Erdbeeren
4 Stängel frische Minze
  (ca. 10 g)
100 ml Zitronensaft
30 g Zucker

Die Erdbeeren abbrausen und den Blütenansatz entfernen. Die Minze waschen. Die Erdbeeren mit der Minze, dem Zitronensaft und dem Zucker in der Küchenmaschine oder mit dem Stabmixer fein pürieren. Das Püree durch ein feines Sieb in eine Schüssel streichen. Die Mischung in einen Wasserkrug füllen und mit etwa ½ l frischem Wasser auffüllen. Die Limonade kalt stellen und gut gekühlt servieren.

BASICS
FÜR TEIGE

KLIMABILANZ 75 g CO_2äq pro Portion (1 kleines Baguette), 86 % besser als vergleichbare Basics
NÄHRWERT   357 kcal pro Portion (1 kleines Baguette)

BAGUETTE

Baguette wird knuspriger, wenn direkt nach dem Einschießen ein Dampfstoß erzeugt wird. Dafür stellt man beim Aufheizen eine mit Edelstahlschrauben gefüllte Edelstahlauflaufform in den Backofen. Direkt nach dem Einschießen gießt man 60 ml Wasser in die Form und schließt sofort die Ofentür.

(👤) Für 2 kleine Baguettes   (🕐) 30 Minuten + Gehzeit: 2 Stunden 10 Minuten + Backzeit: 20 Minuten

(📊) einfach   (📅) ganzjährig

¼ Würfel frische Hefe
1 Prise Zucker
200 g Weizenmehl
    Type 550 + mehr
    zum Bearbeiten
½ TL Salz

Die Hefe mit dem Zucker und 130 ml lauwarmem Wasser verrühren. Diese Mischung 10 Minuten an einem warmen Ort gehen lassen.

Anschließend das Mehl in einer Schüssel mit dem Salz vermengen. Die Hefe-Wasser-Mischung unterrühren. Die Zutaten zu einem glatten Teig verkneten und zu einer Kugel formen. Mit einem feuchten Tuch abgedeckt 1 Stunde an einem warmen Ort gehen lassen.

Den aufgegangenen Teig auf einer leicht bemehlten Arbeitsfläche halbieren, kurz durchkneten und beide Hälften zu einem länglichen Strang formen. Die Teigstränge auf ein mit Mehl bestäubtes Backblech legen und abgedeckt nochmals 1 Stunde gehen lassen. Etwa 15 Minuten vor Ende der Gehzeit den Backofen auf 210 °C Umluft vorheizen.

Nach dem Gehen die Oberseite der Teiglinge mit einem Wellenmesser mehrmals schräg einschneiden, mit Wasser bestreichen und mit etwas Mehl bestäuben. Die Baguettes im vorgeheizten Backofen auf dem mittleren Einschub etwa 20 Minuten backen.

Anschließend aus dem Ofen nehmen und lauwarm oder abgekühlt in Scheiben geschnitten servieren.

KLIMABILANZ 68 g CO_2äq pro etwa 100 g, 82 % besser als vergleichbare Basics
NÄHRWERT 255 kcal pro etwa 100 g

DINKEL-ROGGEN-MISCHBROT

Jeder Ofen heizt unterschiedlich. Daher variiert die genaue Backzeit individuell. Um zu prüfen, ob das Brot fertig ist, klopft man auf die Brotunterseite. Klingt es hohl, ist das Brot durchgebacken. Vorsicht: heiß! Unbedingt Ofenhandschuhe benutzen!

Für 1 Brot (etwa 750 g)   20 Minuten + Gehzeit: 2 Stunden und 10 Minuten + Backzeit: 50 Minuten

einfach   ganzjährig

½ Würfel frische Hefe
2 TL Zucker
350 g Dinkelmehl Type 630
   + mehr zum Bearbeiten
150 g Roggenmehl
   Type 1150
2 TL Salz

Die Hefe mit dem Zucker und 350 ml lauwarmem Wasser verrühren. Diese Mischung 10 Minuten an einem warmen Ort gehen lassen.

Das Dinkel- und Roggenmehl mit dem Salz in einer Schüssel vermengen. Die Hefe-Wasser-Mischung unterrühren. Die Zutaten zu einem glatten Teig verkneten und zu einer Kugel formen. Mit einem feuchten Tuch abgedeckt 1 Stunde an einem warmen Ort gehen lassen.

Den aufgegangenen Teig auf einer leicht bemehlten Arbeitsfläche kurz durchkneten und zu einem Laib formen. Den Laib auf ein bemehltes Backblech legen und mit Mehl bestäuben. Abgedeckt 1 weitere Stunde gehen lassen. Etwa 15 Minuten vor Ende der Gehzeit den Backofen auf 240 °C Ober-/Unterhitze vorheizen.

Das Brot im vorgeheizten Backofen auf dem zweiten Einschub von unten 10 Minuten backen. Danach die Temperatur auf 210 °C reduzieren und das Brot etwa weitere 40 Minuten backen.

Anschließend aus dem Ofen nehmen und lauwarm oder abgekühlt in Scheiben geschnitten servieren.

SAUERTEIGANSATZ

Der Sauerteigansatz enthält aktive Milch- und Essigsäurebakterien und (ungefährliche) Hefekulturen. Beim Brot backen dient er der Teiglockerung. Er liefert viele Aromen und eine leichte Säure. Zudem macht Sauerteig das Getreidemehl bekömmlicher. Je länger der Sauerteigansatz geführt wird, desto aktiver ist er und desto besser werden die Resultate bei der Weiterverarbeitung.

Für 300 g Sauerteigansatz (Anstellgut)   5 Minuten täglich + Reifezeit: mindestens 3 Tage

mittel   ganzjährig

150 g Roggenmehl
Type 1150

25 g Roggenmehl mit 25 ml lauwarmem Wasser in einem sauberen, großen Schraubglas verrühren und 1 Tag an einem warmen, dunklen Ort reifen lassen. Den Schraubdeckel dabei nicht vollständig zudrehen, sodass entstehende Gase entweichen können.

Nach der ersten Reifezeit 25 g Roggenmehl und 25 ml warmes Wasser mit dem Ansatz im Glas verrühren und erneut an einem warmen, dunklen Ort mit locker aufgelegtem Deckel 1 Tag reifen lassen.

Am nächsten Tag den Ansatz mit 100 g Roggenmehl und 100 ml warmem Wasser vermischen und wie zuvor 1 Tag reifen lassen. Der Ansatz riecht danach angenehm säuerlich-fruchtig und beginnt Bläschen zu bilden. Hat sich Flüssigkeit auf der Oberfläche gebildet, diese bitte wegschütten.

Von diesem Ansatz kann für die weitere Verarbeitung die benötigte Menge entnommen werden.

Der übrige Sauerteigansatz wird weitergeführt. Dafür 20 g des Ansatzes (Anstellgut genannt) in ein sauberes Schraubglas geben. 60 g lauwarmes Wasser und 60 g Mehl zufügen und verrühren. Bei locker aufgesetztem Deckel etwa 8 Stunden reifen lassen. Anschließend bis zur Verwendung im Kühlschrank lagern. Diese »Fütterung« sollte einmal wöchentlich durchgeführt werden.

Tipp
Wer kein Brot backen will, kann den Sauerteigansatz nutzen, um schnelle Sauerteig-Pfannkuchen (siehe Seite 73) herzustellen.

KLIMABILANZ 72 g CO_2äq pro etwa 100 g, 79 % besser als vergleichbare Basics
NÄHRWERT 257 kcal pro etwa 100 g

ROGGEN-SAUERTEIGBROT

Nach Belieben kann das Brot mit Kernen, Nüssen oder Haferflocken verfeinert werden.
Damit das Brot besser aufgeht, können noch 5 g Frischhefe zugegeben werden.

Für 1 Brot (etwa 750 g)

mittel

20 Minuten + Gehzeit: 2 Stunden und 30 Minuten + Backzeit: 1 Stunde

ganzjährig

100 g Sauerteigansatz
(siehe Seite 164)
500 g Roggenmehl
Type 1150 + mehr
zum Bearbeiten
10 g Salz

Den Sauerteigansatz mit 300 ml warmem Wasser in einer großen Schüssel verrühren. Das Roggenmehl mit dem Salz zur Sauerteigmischung geben und alles gründlich vermengen. Die Schüssel mit einem feuchten Tuch abdecken und den Teig 30 Minuten ruhen lassen.

Den gereiften Teig auf der leicht bemehlten Arbeitsfläche zu einem Brotlaib formen und in eine bemehlte Kastenform oder auf ein bemehltes Backblech legen. Nochmals abgedeckt 2 Stunden ruhen lassen. Den Backofen etwa 15 Minuten vor Ende der Gehzeit auf 240 °C Ober-/Unterhitze vorheizen.

Das Brot auf dem zweiten Einschub von unten in den vorgeheizten Backofen schieben. Nach 15 Minuten die Temperatur auf 180 °C reduzieren und das Brot etwa weitere 45 Minuten backen. Beim Klopfen auf der Unterseite sollte das Brot hohl klingen, dann ist es durchgebacken.

Anschließend auf dem Ofen nehmen und vor dem Aufschneiden auf einem Ofengitter erkalten lassen.

KLIMABILANZ 99 g CO$_2$äq pro Portion, 83 % besser als vergleichbare Basics
NÄHRWERT   386 kcal pro Portion

PIZZATEIG

Der Teig kann auch mit frischer Hefe zubereitet werden. Dafür 20 g frische Hefe in
125 lauwarmen Wasser mit 1 Prise Zucker auflösen und die Mischung 10 Minuten ruhen lassen.
Danach mit dem Öl zum Mehl geben und wie beschrieben zubereiten.

Für 2 Pizzas (etwa 25 – 30 cm Ø)   20 Minuten + Gehzeit: 1 Stunde + Backzeit: 15 Minuten

einfach   ganzjährig

200 g Weizenmehl
    Type 405 + mehr
    zum Bearbeiten
1 Prise Zucker
1 TL Trockenhefe
1 TL Salz
1 EL Olivenöl + mehr
    zum Bestreichen

Das Mehl mit dem Zucker, der Hefe und dem Salz in einer Schüssel vermengen. Das Olivenöl und 125 ml lauwarmes Wasser zugeben. Die Zutaten
zu einem glatten, elastischen Teig verkneten und zu einer Kugel formen.
Den Teig mit einem feuchten Tuch abgedeckt 1 Stunde an einem warmen Ort
gehen lassen. Den Backofen etwa 15 Minuten vor Ende der Gehzeit auf
220 °C Umluft vorheizen.

Den aufgegangenen Teig auf einer leicht bemehlten Arbeitsfläche kurz
durchkneten, halbieren und jedes Teigstück rund (etwa 30 cm Ø) ausrollen.
Auf zwei leicht eingeölte Backbleche legen. Den Teig nach Belieben belegen
(siehe zum Beispiel »Pizza-Variationen« auf Seite 58 f.). Die Pizzas im vorgeheizten Backofen etwa 12 – 15 Minuten (je nach Belag) backen.

Anschließend aus dem Ofen nehmen und warm servieren.

Tipp
Aus dem Teig können auch vier kleinere Pizzas zubereitet werden.

KLIMABILANZ 127 g CO$_2$äq pro Portion (2 kleine Pizzas), 84 % besser als vergleichbare Basics
NÄHRWERT 484 kcal pro Portion (2 kleine Pizzas)

KERNIGER PIZZATEIG

Pizzas sind unglaublich variabel und lassen sich ganz nach Geschmack und Saison belegen.
Auf den Seiten 56–61 findest du ein paar Ideen.

👤 Für 4 Pizzas (etwa 10 cm Ø)

📊 einfach

🕐 20 Minuten + Gehzeit: 30 Minuten + Backzeit: 15 Minuten

📅 ganzjährig

---

30 g Kürbiskerne
30 g Sonnenblumenkerne
¼ Würfel Hefe
150 g Dinkelmehl
   Type 1050
½ TL Salz
1 EL Olivenöl + mehr
   zum Einölen

Die Kürbis- und Sonnenblumenkerne in der Küchenmaschine fein mahlen. Die Hefe in 100 ml lauwarmem Wasser auflösen. Das Mehl mit dem Salz, dem Olivenöl, den gemahlenen Kernen und der Hefe-Wasser-Mischung in einer Schüssel zu einem glatten Teig verkneten und zu einer Kugel formen. Wenn er zu trocken ist, noch etwas Wasser hinzufügen. Den Teig mit einem feuchten Tuch abgedeckt etwa 30 Minuten an einem warmen Ort gehen lassen. Den Backofen etwa 15 Minuten vor Ende der Gehzeit auf 220 °C Ober-/Unterhitze vorheizen.

Den Teig auf der leicht bemehlten Arbeitsfläche kurz durchkneten, vierteln und jedes Teigstück rund (etwa 10 cm Ø) ausrollen. Auf zwei leicht eingeölte Backbleche legen. Den Teig nach Belieben belegen. Die Pizzas im vorgeheizten Backofen etwa 12–15 Minuten (je nach Belag) backen.

Anschließend aus dem Ofen nehmen und warm servieren.

Tipp
Für die Zubereitung mit Trockenhefe ½ Päckchen direkt mit den trockenen Zutaten vermischt und das lauwarme Wasser dazugegeben. Danach wie oben beschrieben zubereiten.

KLIMABILANZ 74 g CO$_2$äq pro Brötchen, 84 % besser als vergleichbare Basics
NÄHRWERT · 321 kcal pro Brötchen

BURGER-BUNS

Die Brötchen lassen sich nach Lust und Laune belegen. Ein paar Varianten findest du auf den Seiten 62–65. Oder genieße das Gemüseschnitzel mit Chutney von Seite 78 im Burgerbrötchen.

Für 2 Brötchen   15 Minuten + Gehzeit: 2 Stunden + Backzeit: 15 Minuten

einfach   ganzjährig

150 g Weizenmehl
   Type 550 + mehr
   zum Bearbeiten
1 TL Zucker
½ Päckchen Trockenhefe
½ TL Salz
75 ml Pflanzendrink
   (siehe Seite 148 ff.),
   z.B. Hafer + mehr
   zum Bestreichen
1 EL Rapsöl

Das Mehl mit dem Zucker, der Hefe und dem Salz in einer Schüssel vermengen. Den Pflanzendrink lauwarm erwärmen und mit dem Öl zur Mehl-Hefe-Mischung geben. Die Zutaten zu einem glatten, elastischen Teig verkneten und zu einer Kugel formen. Den Teig mit einem feuchten Tuch abgedeckt 1 Stunde an einem warmen Ort gehen lassen.

Den aufgegangenen Teig auf einer leicht bemehlten Arbeitsfläche kurz durchkneten, halbieren und jedes Teigstück zu etwa 2 cm hohen Buns formen. Ein Backblech mit Backpapier auslegen und die Buns darauf abgedeckt erneut 1 Stunde gehen lassen. 15 Minuten vor Ende der Gehzeit den Backofen auf 190 °C Ober-/Unterhitze vorheizen.

Die Teiglinge mit etwas Pflanzendrink bestreichen und im vorgeheizten Backofen auf dem mittleren Einschub etwa 15 Minuten bis zur gewünschten Bräunung backen.

Anschließend aus dem Ofen nehmen und abkühlen lassen.

Tipp
Für die Zubereitung mit frischer Hefe: ¼ Würfel frische Hefe zunächst im warmen Pflanzendrink mit dem Zucker auflösen und die Mischung 10 Minuten gehen lassen. Danach zu den trockenen Zutaten geben und wie oben beschrieben weiter verfahren.

KLIMABILANZ 106 g CO_2äq pro Portion (2 kleine Wraps), 82 % besser als vergleichbare Basics
NÄHRWERT 410 kcal pro Portion (2 kleine Wraps)

WEIZENWRAPS

Wraps sind ideal für unterwegs, denn sie lassen sich praktisch verpacken. Wie Brötchen lassen sie sich nach Belieben belegen und somit können als Füllung auch Reste gut verwertet werden.

Für 4 kleine Wraps (2 Portionen)   20 Minuten + Gehzeit: 30 Minuten + Garzeit: 10 Minuten

einfach   ganzjährig

200 g Weizenmehl
    Type 405 + mehr
    zum Bearbeiten
½ TL Salz
½ TL Weinstein-Backpulver
2 EL Olivenöl

Das Mehl mit dem Salz und dem Backpulver in einer Schüssel vermengen. Das Olivenöl und 100 ml Wasser zugeben. Die Zutaten 5 Minuten zu einem glatten Teig verkneten und zu einer Kugel formen. Den Teig abgedeckt 30 Minuten ruhen lassen.

Anschließend den Teig vierteln und jedes Teigstück auf einer leicht bemehlten Arbeitsfläche rund (etwa 3 mm dick) ausrollen. Den ersten Fladen in einer heißen Pfanne ohne Fett etwa 1 Minute backen. Anschließend wenden und die zweite Seite ebenso backen, bis sie leicht gebräunt ist. Den fertigen Wrap aus der Pfanne nehmen und mit einem Tuch abdecken, damit er weich und biegsam bleibt. Mit den anderen Teigstücken ebenso verfahren.

Die Wraps nach Belieben füllen.

KLIMABILANZ 129 g CO$_2$äq pro Portion (2 kleine Wraps), 79 % besser als vergleichbare Basics
NÄHRWERT 412 kcal pro Portion (2 kleine Wraps)

ROTE WRAPS

Mit etwas Rote-Bete-Saft werden einfache Wraps zu echten Hinguckern.

Für 4 kleine Wraps (2 Portionen)   20 Minuten + Ruhezeit: 30 Minuten + Garzeit: 10 Minuten

 einfach   ganzjährig

200 g Weizenmehl
   Type 405 + mehr
   zum Bearbeiten
½ TL Salz
½ TL Backpulver
2 EL Olivenöl
100 ml Rote-Bete-Saft

Das Mehl mit dem Salz und dem Backpulver in einer Schüssel vermengen. Das Olivenöl und den Rote-Bete-Saft zugeben. Die Zutaten 5 Minuten zu einem glatten Teig verkneten und zu einer Kugel formen. Den Teig abgedeckt 30 Minuten ruhen lassen.

Anschließend den Teig vierteln und jedes Teigstück auf einer leicht bemehlten Arbeitsfläche rund (etwa 3 mm dick) ausrollen. Den ersten Fladen in einer heißen Pfanne ohne Fett etwa 1 Minute backen. Anschließend wenden und die zweite Seite ebenso backen, bis sie leicht gebräunt ist. Den fertigen Wrap aus der Pfanne nehmen und mit einem Tuch abdecken, damit er weich und biegsam bleibt. Mit den anderen Teigstücken ebenso verfahren.

Die Wraps nach Belieben füllen.

KLIMABILANZ 97 g CO$_2$äq pro Portion (1–2 Crêpes), 78 % besser als vergleichbare Basics
NÄHRWERT 293 kcal pro Portion (1–2 Crêpes)

EINFACHE WEIZENCRÊPES

Für die herzhafte Variante wird der Teig ohne Vanillezucker zubereitet. Anstelle von
Weizenmehl kann auch Dinkelmehl Type 630 verwendet werden. Gefüllt werden können
die Crêpes mit allem, was das Herz begehrt.

Für 4–6 Crêpes (2–3 Portionen)   20 Minuten + Garzeit: 8 Minuten

einfach   ganzjährig

100 g Weizenmehl
    Type 405
1 gestr. TL Weinstein-
    Backpulver
1 TL Vanillezucker
    (alternativ: 2 Prisen
    gemahlener Zimt)
1 Prise Salz
220 ml Pflanzendrink
    (siehe Seite 148 ff.),
    z. B. Hafer
neutrales Pflanzenöl
    (z. B. Sonnenblumenöl)
    zum Braten

Das Mehl mit dem Backpulver, dem Vanillezucker und dem Salz in einer
Schüssel vermengen. Den Pflanzendrink zugeben und alles verrühren.

In einer Pfanne etwa 1 TL Pflanzenöl erhitzen. Etwas Crêpeteig mit einer
Kelle in die Pfanne geben und die Pfanne schwenken, bis der Boden gleichmäßig dünn bedeckt ist. Etwa 1 Minute braten, bis die Ränder goldbraun
geworden sind. Den Crêpe wenden und auf der anderen Seite in 1 weiterer
Minute goldbraun ausbacken. Dann aus der Pfanne nehmen und aus dem
übrigen Teig auf die gleiche Weise weitere Crêpes zubereiten.

KLIMABILANZ 110 g CO_2äq pro Portion (3−4 Pancakes), 78 % besser als vergleichbare Basics
NÄHRWERT 340 kcal pro Portion (3−4 Pancakes)

BUCHWEIZENPANCAKES

Die Pancakes lassen sich statt mit Buchweizen auch mit Hirse zubereiten.
Gare dafür die Hirse nach Packungsangabe und verwende sie wie im Rezept
beschrieben anstelle des Buchweizens.

(👤) Für 6−8 kleine Pancakes (2 Portionen)   (🕐) 20 Minuten + Einweichzeit: 12 Stunden + Backzeit: 8 Minuten

(📊) mittel   (📅) ganzjährig

150 g Buchweizen
2 EL Apfelessig
   (siehe Seite 156)
100 ml Pflanzendrink
   (siehe Seite 148 ff.),
   z. B. Hafer
2 EL Zucker
1 gestr. TL gemahlener Zimt
1 gestr. TL Weinstein-
   Backpulver
30 g geschrotete
   Leinsamen
neutrales Pflanzenöl
   (z. B. Sonnenblumenöl)
   zum Braten

Den Buchweizen in einem Sieb mit Wasser abspülen. In einer Schüssel gut mit Wasser bedecken und 1 EL Apfelessig zugeben. Über Nacht (etwa 12 Stunden) einweichen.

Am nächsten Tag den Buchweizen abgießen und kalt abspülen. Zusammen mit dem Pflanzendrink, dem Zucker, dem Zimt, dem Backpulver und dem restlichen Apfelessig (1 EL) in einen hohen Mixbecher geben und mit dem Stabmixer glatt pürieren. Die Leinsamen unterrühren und die Masse 10 Minuten quellen lassen.

In einer Pfanne etwas Öl erhitzen. Pro Pancake 2 EL Teig in die Pfanne geben und etwa 2 Minuten braten, bis die untere Seite goldbraun ist. Die Pancakes wenden und weitere 2 Minuten backen. Dann aus der Pfanne nehmen und aus dem übrigen Teig auf die gleiche Weise weitere Pancakes zubereiten.

Nach Belieben im auf 50 °C Umluft vorgeheizten Backofen warm halten.

KLIMABILANZ 100 g CO$_2$äq pro Portion (2 Muffins), 76 % besser als vergleichbare Basics
NÄHRWERT   307 kcal pro Portion (2 Muffins)

GRUNDREZEPT MUFFINS

In Kuchen und Gebäck können bis zu 20 Prozent des Mehls problemlos durch Vollkornmehl
ausgetauscht werden. Es muss dann lediglich etwas mehr Flüssigkeit zugegeben werden.
Die Flüssigkeitsmenge beim Kneten oder Rühren nach Bedarf anpassen.

Für 3–6 Muffins (3 Portionen)

einfach

15 Minuten + Backzeit: 20 Minuten

ganzjährig

Für den Teig
100 g Weizenmehl
   Type 405
1 TL Weinstein-Backpulver
50 g Zucker
1 TL Vanillezucker
1 Prise Salz
50 ml neutrales Pflanzenöl
   (z.B. Sonnenblumenöl)
75 ml Pflanzendrink
   (siehe Seite 148 ff.),
   z.B. Hafer

Außerdem
Papiermanschetten
   oder Pflanzenmargarine
   zum Einfetten

Den Backofen auf 180 °C Ober-/Unterhitze vorheizen. Ein Muffinblech
mit Papiermanschetten auslegen oder einfetten.

Das Mehl mit dem Backpulver, dem Zucker, dem Vanillezucker und dem Salz
in einer Schüssel vermengen. Das Öl und den Pflanzendrink zugeben und kurz
unterrühren. Den Teig gleichmäßig in die Mulden geben und im vorgeheizten
Backofen auf dem mittleren Einschub 20 Minuten backen.

Anschließend aus dem Ofen nehmen, etwas abkühlen lassen und die Muffins
aus den Mulden lösen. Auf einem Kuchengitter erkalten lassen.

Tipp
Das Muffins-Grundrezept kann vielfach abgewandelt oder verfeinert werden
(siehe Seite 98 ff.).

KLIMABILANZ 92 g CO$_2$äq pro Portion, 70 % besser als vergleichbare Basics
NÄHRWERT   270 kcal pro Portion

TORTENBODEN

Für einen klassischen Obstkuchen den Boden mit etwas Pudding bestreichen (siehe Seite 110 f.) und mit Obst oder Beeren der Saison belegen.

👤 Für 1 Tortenboden (Springform mit 26 cm Ø) 🕐 10 Minuten + Backzeit: 30 Minuten

📊 einfach 📅 ganzjährig

Für den Teig
250 g Weizenmehl
    Type 405 + mehr
    für die Form
150 g Zucker
1 Prise Salz
1 geh. TL Weinstein-
    Backpulver (8 g)
1 Pck. Vanillezucker
60 ml Sonnenblumenöl
250 ml kohlensäure-
    haltiges Mineralwasser

Außerdem
Pflanzenmargarine
    zum Einfetten

Den Backofen auf 180 °C Umluft vorheizen. Die Springform (26 cm Ø) mit Pflanzenmargarine einfetten und mit Mehl ausstäuben.

Das Mehl mit dem Zucker, dem Salz, dem Backpulver und dem Vanillezucker in einer Schüssel vermengen. Das Sonnenblumenöl und Mineralwasser zum Teig geben und kurz unterrühren. Den Teig in die Form füllen und glatt streichen.

Im vorgeheizten Backofen auf dem zweiten Einschub von unten 25 – 30 Minuten backen. Mit einem Holzstäbchen testen, ob der Teig fertig gebacken ist. Dafür das Stäbchen in den Boden stechen, kommt es sauber wieder heraus, ist der Kuchen fertig.

Dann aus dem Ofen nehmen und auf einem Kuchengitter abkühlen lassen. Den Tortenboden nach Belieben belegen oder füllen (siehe zum Beispiel Seite 106) und zum Servieren in Stücke schneiden.

REGISTER

ÜBER DAS AUTORENTEAM

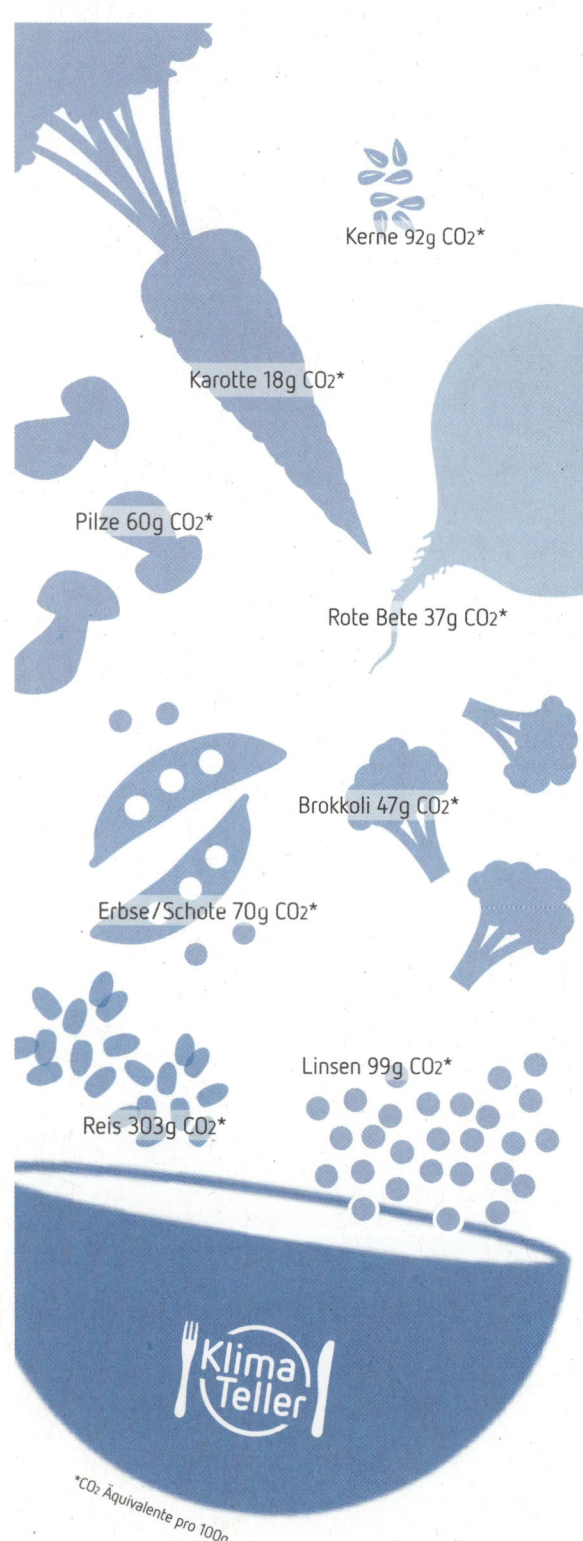

Kerne 92g CO$_2$*

Karotte 18g CO$_2$*

Pilze 60g CO$_2$*

Rote Bete 37g CO$_2$*

Brokkoli 47g CO$_2$*

Erbse/Schote 70g CO$_2$*

Linsen 99g CO$_2$*

Reis 303g CO$_2$*

Klima Teller

*CO$_2$ Äquivalente pro 100g

Unser Essen verursacht bis zu ein Fünftel der CO$_2$-Emissionen in Deutschland. Deshalb bringen wir den Klimaschutz auf die Teller.

Bau dir deinen KlimaTeller!

Jeder kann mit Genuss klimafreundlich essen, denn KlimaTeller verursachen nur halb so viel Emissionen wie vergleichbare Gerichte.

Ganz einfach mit der KlimaTeller App!

Errechne die Klimabilanz deiner Rezepte - einfach & grammgenau.

Entdecke jeden Monat ein klimafreundliches Rezept der Saison.

Kreiere deine eigenen leckeren klimafreundlichen Gerichte.

Probier es aus!

klimateller.de

/KlimaTeller

Hier geht's zum Erklärvideo

KlimaTeller gibt es auch für Kantinen & Restaurants. Infos unter:

hallo@klimateller.de

Wer steckt hinter der Initiative

KlimaTeller ist eine Initiative des gemeinnützigen Vereins NAHhaft e.V. Wir von NAHhaft beschäftigen uns mit der Frage, in welcher Weise eine nachhaltige Ernährung — vom Acker bis auf die Teller — gestaltet und unterstützt werden kann. Gemeinsam mit all jenen, die sich für eine nachhaltige Ernährung in Forschung und Praxis einsetzen, entwickeln wir Lösungen und Unterstützungsangebote.

Klimafreundliche Kantine

Wir begleiten und unterstützen Betriebsrestaurants und Mensen, Schulkantinen und Kitas sowie Care Einrichtungen dabei, die Klimafreundliche Küche in ihrem Betrieb umzusetzen - von Kochwerkstätten für die Küchenteams bis hin zur Gestaltung klimafreundlicher Speisepläne.

Unterstütze unsere Initiative!

Liebe Freunde des klimafreundlichen Essens, wenn ihr unsere Arbeit unterstützen möchtet, freuen wir uns über eine Spende.

NAHhaft e.V.
GLS Gemeinschaftsbank eG
IBAN: DE98 4306 0967 1160 3245 00
BIC: GENODEM1GLS

Jana Koltzau leitet die Initiative KlimaTeller und unterstützt Kantinen bei der Gestaltung klimafreundlicher Angebote.

Dr. Antje Wilke ist Mitglied des Vorstands und unterstützt Kantinen bei der Gestaltung klimafreundlicher Angebote.

Sheena Dehm entwickelte im Rahmen ihres Praktikums Rezepte für die klimafreundliche Küche.

Doreen Havenstein hat den Wirkungsbereich »Nachhaltige Außer-Haus-Verpflegung« aufgebaut und berät ebenfalls Kantinen

NAHhaft
natürlich nachhaltig

 nahhaft.de
 /NAHhaft

ÜBER DEN FOTOGRAFEN

Seit über zehn Jahren hält Marcin Jucha mit der Kamera zwei seiner Leidenschaften fest: die Natur und gutes Essen. Mit seinen verführerischen Food-Fotos wurde er 2016 zum Food-Fotografen des Jahres gekürt. Nach mehreren Jahren im Ausland ist Marcin 2020 in sein Heimatland Polen zurückgekehrt. Hier arbeitet er weiter am Ausbau seines Portfolios.
Neben seiner Tätigkeit als Food-Fotograf widmet Marcin sich leidenschaftlich gerne der Landschaftsfotografie.

QUELLEN

IPCC (Intergovernmental Panel on Climate Change): Special report on climate change, desertification, land degradation, sustainable land management, food security, and greenhouse gas fluxes in terrestrial ecosystems (SR2) – Background Report for the Scoping Meeting. London, 2019

WWF (2012): »Klimawandel auf dem Teller.« Ernährung. Nahrungsmittelverluste. Klimaveränderung. Studie. Berlin

von Koerber/Kretschmer (2009): Ernährung und Klima. Nachhaltiger Konsum ist ein Beitrag zum Klimaschutz. Der kritische Agrarbericht 2019
von Koerber (2014): Fünf Dimensionen der Nachhaltigen Ernährung und weiterentwickelte Grundsätze – Ein Update. Ernährung im Fokus 14 (09-10), 260-266, 2014

Smart Chefs - Health, Climate and Environment: Conflicts and Synergies. J. Ellens, I. O'Connor PhD, A. Aleksandrowicz PhD, M. Klarmann. Eaternity (2017-12-19). Deutsche Zusammenfassung: https://eaternity.org/assets/smart-chefs/2020-06-09-Eaternity-Compilation-German.pdf

Joseph Poore/Thomas Nemecek (2018): Reducing food's environmental impacts through producers and consumers. In: Science, Vol. 360, Issue 6392, Seiten 987–992

PIK: 2019, Präsentation zum Konsumverhalten: https://klimabildung-pik.de/wp-content/uploads/2020/01/Konsumfolien_deutsch-2.pdf (abgerufen am 21.08.2020)

IMPRESSUM

Produktmanagement: Stefanie Gückstock
Redaktion: Susann Kreihe
Layout: Elke Mader
Umschlaggestaltung: Regina Degenkolbe unter Verwendung von Illustrationen von
© val_iva/stock.adobe.com (Gemüse) und © undrey/stock.adobe.com (Erdkugel)
Repro: LUDWIG:media
Herstellung: Bettina Schippel
Printed in Slovakia by Neografia

Text & Rezepte: KlimaTeller, verantwortlich Jana Koltzau, Antje Wilke, Doreen Havenstein, Sheena Dehm
Fotografie: siehe Bildnachweis

Sind Sie mit diesem Titel zufrieden? Dann würden wir uns über Ihre Weiterempfehlung freuen.
Erzählen Sie es im Freundeskreis, berichten Sie Ihrem Buchhändler, oder bewerten Sie bei Onlinekauf.
Und wenn Sie Kritik, Korrekturen, Aktualisierungen haben, freuen wir uns über Ihre Nachricht an
Christian Verlag, Postfach 40 02 09, D-08702 München oder per E-Mail an lektorat@verlagshaus.de

Unser komplettes Programm finden Sie unter 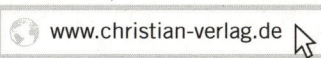 www.christian-verlag.de

Alle Angaben dieses Werkes wurden von den Autoren sorgfältig recherchiert und auf den neuesten Stand
gebracht sowie vom Verlag geprüft. Für die Richtigkeit der Angaben kann jedoch keine Haftung über-
nommen werden, weshalb die Nutzung auf eigene Gefahr erfolgt. Sollte dieses Werk Links auf Webseiten
Dritter enthalten, so machen wir uns die Inhalte nicht zu eigen und übernehmen für die Inhalte keine Haftung.

Bildnachweis
Alle Bilder des Innenteils stammen von Marcin Jucha mit Ausnahme von Vor- und Nachsatz: shutterstock.com/
ESstock; Seite 4/5: shutterstock.com/Shebeko; Seite 7: shutterstock.com/Tatjana Zavjalova; Seite 13 (Gemüse-
Illustrationen): © val_iva/stock.adobe.com (Gemüse); Seite 16: shutterstock.com/valbar; Seite 19: shutterstock.com/
VICUSCHKA; Seite 23: shutterstock.com/Gutzemberg; Seite 168/169: shutterstock.com/FotoSajewicz; Seite 171:
shutterstock.com/Sunny Forest.

Die Deutsche Nationalbibliothek verzeichnet diese Publikation in der Deutschen Nationalbibliografie;
detaillierte bibliografische Daten sind im Internet über http://dnb.d-nb.de abrufbar.

Ebenfalls erhältlich ...

ISBN 978-3-95961-411-5

ISBN 978-3-95961-255-5

ISBN 978-3-95961-405-4

ISBN 978-3-95961-370-5

CHRISTIAN

www.christian-verlag.de

SAISONKALENDER

Gemüse	Januar	Februar	März	April	Mai	Juni	Juli	August	September	Oktober	November	Dezember
Ackerbohnen						○	○	○				
Aubergine						○	○	○	○	○		
Bärlauch			○	○	○							
Blumenkohl						○	○	○	○	○	○	○
Brokkoli						○	○	○	○	○	○	○
Chinakohl	▢	▢	▢	▢	○	○	○	○	○	○	○	▢
Dicke Bohnen						○	○	○	○			
Erbsen						○	○	○	○			
Fenchel						○	○	○	○	○	○	
Frühlingszwiebeln				○	○	○	○	○	○	○	○	
Gemüsemais							○	○	○	○	○	
Grüne Bohnen						○	○	○	○	○		
Grünkohl	○	○	○							○	○	○
Karotten	▢	▢	▢	▢	▢	○	○	○	○	○	○	▢
Kartoffeln	▢	▢	▢	▢	○	○	○	○	○	○	○	○
Knoblauch	▢	▢	▢	▢	○	○	○	○	○	○	▢	▢
Knollensellerie	▢	▢		▢		▢		▢	○	○	○	▢
Kohlrabi						○	○	○	○	○	○	
Kürbis	▢	▢	▢					○	○	○	○	▢
Lauch	○	○	○	○	○	○	○	○	○	○	○	○
Mangold						○	○	○	○	○	○	
Meerrettich	↻	↻	↻	↻	▢	▢	▢	▢	↻	↻	↻	↻
Pak Choi						○	○	○	○	○	○	
Paprika						○	○	○	○	○	○	